インド人の論理学

問答法から帰納法へ

桂紹隆

法蔵館文庫

本書は一九九八年十月二五日、中央公論社より「中公新書」として刊行された。

マハーボーディ寺（大菩提寺）

5世紀頃創建，19世紀末期再建，高さ約53m　ブッダがその樹下でさとりをひらいたとされる菩提樹を囲んで簡単な寺院が造立されたのはアショーカ王の時代で，5世紀頃には高塔状の建築が創建されたと考えられる。現在の建物は19世紀末期にミャンマーの仏教徒が大改修したもので，仏教徒のもっとも尊崇する聖地。(撮影と解説・肥塚　隆)

まえがき

本書はインドの人々の考え方の基本を歴史的にさかのぼって考えてみようとするものである。

インドというと、第二次大戦直後に幼年期を過ごした私たちの世代のなかには、ネルー首相を思い出すものも少なくないだろう。大戦中に死んでしまったゾウをもう一度見たいという日本の子供たちの願いに応えて、上野動物園に子ゾウを送ってくださったからである。子ゾウの名前は、ネルー首相の娘と同じ「インディラ」と付けられたので、何となくネルー一家に親しみを感じたものである。

大英帝国による長い植民地支配から解放されたインドが、パキスタンとの分離独立に伴って言語に絶する悲劇と惨劇を経験したことなど、日本の子供たちには知るよしもなかった。ネルーは、東西冷戦の狭間で、ユーゴスラヴィアのチトーやインドネシアのスカルノなどと並んで「第三世界」の指導者として華々しい活躍をしていた。

連合軍による占領状態から、サンフランシスコの講和条約を経て、徐々に国際社会に復帰していった敗戦国日本と比較して、新興独立国インドはキラキラ輝いて見えたものである。パキスタンとの戦争、中国との国境紛争を経て、ソ連と親密な関係を結んだ後も、アメリカからの経済援助を引き出すネルーのしたたかな外交的手腕は、日本人には真似のできないものであった。

朝鮮戦争の後は、ベトナム戦争というように、アジアの近隣諸国の不幸を巧みに利用して、一九六〇年代、私たちが大学生になる頃には、日本は経済的に「奇跡の復活」を成し遂げつつあった。一方、インドでは一九六六年ネルーの娘インディラー・ガンディーが、父親の跡を継いで新しいインドの指導者の地位に着いた。その後、暗殺されるまでの十八年間、途中総選挙で敗退して一時政権の座から降りたこともあったが、インディラーは次男サンジャイの悪名高い産児制限政策に代表される近代合理主義と強烈なナショナリズムによって強権的にインドを近代国家へと導こうとした。彼女の跡を継いで首相の座に着いた長男ラジーヴも一九九一年、母と同じ運命を辿り、独立後のインド政治を支配してきた「ネルー王朝」は幕を降ろしたのであった。今や、独立運動を指導した国民会議派からヒンドゥー教至上主義の人民党連合政権へとインド政府の潮流は大きく変わりつつあるようだ。ネルー＝ガンディーの近代主義は、ついにインド人には受け入れられなかったのであろうか。

しかし、共産党による一党支配が続く中国と違って、何億人という有権者の投票によって政権が交代するインドは、ニクソン時代の国務長官キッシンジャーが指摘したように、議会制民主主義が果たして機能するかどうかを確かめるための壮大な実験室である。これは英国による植民地統治が残した正の遺産の一つであろう。もう一つの正の遺産は英語。独立後、レベル低下が著しいと嘆かれるものの、インドの知識階級の英語使用能力は日本人の比ではなく、今やコンピュータ・ソフト開発の強力な武器となっている。インディラー・ガンディーの上からの近代化が挫折しても、インド社会は徐々に、しかも、確実に下からの近代化を遂げつつあるのではないだろうか。

一九八〇年夏、一年間の英国留学の帰途、三週間ほどインドに立ち寄ったことがある。インディラーが後継者として溺愛していたサンジャイが不慮の飛行機事故で死亡した直後であった。ニューデリーからアーメダバードへ向かう列車の、当時はまだ珍しい冷房の効いた一等車の中で、V・S・ナイポールの『インド――傷ついた文明』を読んでいたら、乗り合わせた中年のインド人ビジネスマンから、近頃の若い日本人は金回りがいいなという顔つきで、「ナイポールの書くインドは正確ではないぞ」と注意されたことがある。トリニダード生まれのインド系移民三世で、英国で活躍する作家のナイポールは、当時のインドの現状に批判的であり、悲観的ですらあった。しかし、彼も近作『インド・新しい顔』では現在のインドに起きつつある、様々な下からの変化を好意的にみているようである。

ひるがえって、私たち日本人のインド観を反省してみると、「お釈迦様の故国」という伝統的な見方、「第三世界のリーダー」という戦後すぐの敬意をこめた見方から、日本が高度経済成長を遂げた後は、「インドは貧しい国」というイメージが定着してしまったようである。それは、ナイポールの言うように、インドの政治家たちがインドの貧困を「聖化」して、外国援助獲得のためのキャッチフレーズにしてしまったためでもあるが、何よりも私たち日本人の眼差しが先進資本主義国の住民の目になってしまったからであろう。一九六〇年代後半に導入され、農作物の飛躍的増産をもたらしたグリーン革命は、インドの食糧事情を一変させた。また、近年のソフト産業を初めとする産業構造の変化は、極端なまでの貧富の対立を緩和する新しい中産階級の出現を促している。貧しい国インドという私たちの幻想もいずれ修正を余儀なくされるであろう。

一方、無銭旅行でインドへ行った日本の若者が、インドの人々の優しさに触れて、感動するのも事実である。恐らく戦後の日本社会がなくしてしまったいくつかの重要な社会規範が、インドにはまだ厳然と存在するのであろう。そのひとつが見知らぬ人にも親切にしようということである。私たちは見知らぬ他人を疑うことに慣れてしまったのである。キリスト教信者としてよく知られていた遠藤周作氏が、最後の長編『深い河』(ディープ・リバー)の舞台をインドに、そしてその聖なる大河ガンジスにとったことは、大変印象的であった。生者が沐浴し、死者が浮かぶガンジス河のように、インドは互いに相容れない宗教さえも一緒に飲み込んでしまう懐の深い国と作者は考えたのであろうか。遠藤氏だけでなく、多くの日本人が何か精神的な救いを求めてインドへ旅するようになった。確かに、インドには他に見られない様々な修行法や瞑想法が実践されており、真偽のほどは別として著名な超能力者や、宗教的指導者が多数活躍している。しかし、すべての「心の問題」がインドに行けば解決されると考えるのも、間違った幻想であろう。

インドの宗教や思想といえば、仏教を別にすれば、ヨーガとウパニシャッドの神秘思想がよく知られている。しかし、インド人の思考方法を考えるとき無視してはならないのは、彼らの発達させた論理学の伝統である。そこには神秘主義とは一線を画する合理的な思弁が見いだされる。本書は、インドにおいて、どのような論理的思考がいかにして発展していったかを明らかにしようとするものである。著者は、インド人の思考法の基本が観察から法則を導き出す帰納法にあり、そこにギリシャのアリストテレスが創造した演繹《えんえき》法的論理学との違いがあると考える。詳述することはできなかったが、インド人の帰納法的な思考の淵源は、インド文法学の伝統、さらにさかのぼって、ブッダの「縁起」の教えに在るのではないかと考えている。その意味で、論理学史に興味がある専門家だけではなく、インドや仏教に関心をもつ一般の読者にお読みいただければ幸いである。また、かつて中央公論社から刊行された「世界の名著」シリーズの第一巻『バラモン教典・原始仏典』、第二巻『大乗仏典』や、その後刊行された「大乗仏典」シリーズの『龍樹論集』のなかで、インド論理学を扱った部分に対する一種の解説の役割を果たしうるのではないかと秘かに期待している。

目次

写真提供・肥塚　隆

インド人の論理学——問答法から帰納法へ

第一章　インドに哲学はあるか？

カジュラーホのヒンドゥー寺院外壁の神像群、11世紀。

ビル・ゲイツがアップル・コンピュータ社に一億五千万ドルの出資を決めたことを報じる『朝日新聞』（一九九七年八月八日）の「天声人語」に曰く。

パソコンの元祖はアップルだ。一九七六年、カリフォルニアの若者たちが実家のガレージで作ったのが第一号。創業者の一人は、「インド哲学」に凝っていた元ヒッピー。

「インド哲学」にカギ括弧が付いているのが象徴的である。インド哲学といえば、西洋哲学や中国哲学とは違って、あまり普通の人は興味を示さないが、パソコンなんか作ってしまう、ちょっと風変わりな人間がはまってしまう、何となく深遠で、摩訶不思議、超俗的な世界というのが、二十世紀末の日本の知識人の常識なのであろうか。

インド哲学に対する無理解は、日本に限ったことではない。ずいぶん以前のことになるが、京都大学で仏教学の修士課程を終えたのち、一九六八年秋から、カナダのトロント大学でチベット語を教えながら大学院でインド哲学を勉強するという生活を六年間続けたことがある。財政逼迫した今のカナダでは考えられないことであるが、ろくに英語も話せない留学生に毎月給料を支払って、勉強までさせてくれたのである。当時は一米ドル＝三六〇円の固定為替相場で、カナダドルが米ドルとほぼ同価値、時にはそれを上回ることもあった。良き時代であった。

しかし、国境の南は別だった。ベトナム戦争の泥沼から抜け出すことができない米国からは、「ドラフト・ドジャー」と呼ばれる良心的徴兵拒否の若者たちが大勢カナダへ逃れてきていた。カナダ政府は彼らを追い返すこともなく、寛大に受け入れていたように記憶する。私のまわりのトロント大学の学生や院生のなかにもたくさんドラフト・ドジャーがいた。なかには、のちに北米を代表する仏教学者になったものもいるが、あれは米国からカナダへの一種の頭脳「逆」流出の時期であったのであろう。通常は、もちろん、今をときめくＭＩＴ（マサチューセッツ工科大学）の認知科学者スティーブン・ピンカーのように、人材は北から南へと移動しがちである。

ヒッピーの時代であった。若者たちは、男女を問わず、髪を長く伸ばし、数人から十数人で一軒家を借りて、「コミューン」と呼ばれる共同生活をしていた。人種・民族・氏素性を問わず、来るものは拒まず、去るものは追わずといえば、理想的な共同体に聞こえるが、実態は様々であっただろう。最後に出演者全員が全裸になるというのでセンセーションを巻き起こしたミュージカル『ヘアー』は、そんなコミューンの一面を伝えるものとして、体制側の大人たちに興味津々の目で見られたものである。

ロックとドラッグの時代であった。ちょっと良い子のビートルズとちょっと悪い子のローリング・ストーンズが人気を二分し、音楽以外でも若者たちに深い影響を与えていた。一九六九年の八月の四日間、「ウッドストック野外音楽祭」に三十万人の若者が集まった。同月十日、ロサンゼルス郊外の自宅で、ロマン・ポランスキー監督の妻で女優のシャロン・テートがチャールズ・マンソンを崇拝するヒッピー一味に惨殺された。居間の血塗られた壁には、ビートルズの曲「ヘルター・スケルター」（Helter Skelter）の文字が踊っていたという。ウッドストックがヒッピーとロックの蜜月時代のクライマックスであったとしたら、シャロン・テート事件は両者の陰鬱な関わりを象徴するものであった。マリファナからLSDまで、ドラッグはどこにでもあった。いつの時代も若者は既成社会のおきて破りに魅せられるものなのであろうか。若者だけではない。先年訪れた米国の高名なインド哲学者は、カリフォルニアの自宅の居間で鉢植えのマリファナの木を育てていた。ドラッグに関する限り、老先生はまだ六〇年代の夢のなかに生きておられるようであった。

当時、全米の大学で初めて「仏教学科」をウィスコンシン大学に創設したリチャード・ロビンソンは、大勢の学生の前で「仏教とは何か」という問いに答えて、「セックス、ドラッグ、アンド、メディテーション（瞑想）」と叫んで、満場の喝采を浴びたものである。鈴木大拙《だいせつ》が種をまいた北米での仏教に対する関心は、学者や一部の好事家の範囲を超えて、ドラスティックに広まろうとしていた。その対象も、禅に限らず、浄土教から日蓮正宗までの日本仏教、韓国や台湾の仏教、タイやビルマの上座仏教、そして、チベット密教へと多様化していった時代の始まりであった。巷では剃髪で異様な風体の男女が「ハレ・クリシュナ」とヒンドゥー教の聖者を讃える歌を歌い、踊りながら練り歩いていた。

一九七一年から七二年にかけてバングラデシュがパキスタンから分離独立したときの混乱によって生じた多くの難民を救済するために、ジョージ・ハリソンが呼びかけて開いたコンサートで、多くの聴衆の心をつかの間の「静寂」の世界に引き込んだのは、ジョージに紹介されて登場したラビ・シャンカールのシタールの演奏であった。そもそもロック・

コンサートにインド音楽の演奏者が招待されたこと自体、西欧社会の物質文明に批判的なヒッピーたちの「神秘の国〟インド」への限りなき憧憬を象徴しているようであった。神秘体験を求めてインドに行ったビートルズを見習うかのように、多くの若者やヒッピーたちがインドを目指した。なかには、インド滞在中に、亡命中のダライ・ラマが住むダルマサーラへ行き、チベット仏教に興味をもち、ついにはヨーロッパの大学で教鞭をとる一流の仏教学者になってしまったカナダ人ヒッピーもいる。あのころ北米では「インド哲学」はちょっとファッショナブルであったと言えよう。

留学当初の三年間、マッシー・カレッジという英国のオックスブリッジの学寮にならって作られた大学院生のための男子寮に住んでいた。マスターは、ロバートソン・デーヴィスという白いあごひげが印象的な文学者であった。このカレッジの学生の半分は世界中から集まってきた留学生であった。ナイジェリアから来ていた哲学者のモーゼス、「プラハの春」の後の動乱を逃れてきた地質学者のジョージ、チリで学生運動をしていた生化学者のハイメ、ザンビア生まれの政治学者イアン、アイルランド出身の倫理学者マイケルなど、多士済々であった。入寮してまもなく、同じフロアーに住むカナダ人の医学生にお前はここで何を勉強しているのかと尋ねられたことがある。もちろん「インディアン・フィロソフィー」と答えた。「えっ。インディアンに哲学があったっけ」というのが、最初の反応。その日以降、おぼつかない英語でも、この国ならやっていけそうという自信が着いたのはいうまでもない。カナダはとってもいい国だった。何事にもおおらかなカナダ人は今でも大好きである。

インドの「哲学」

それにしても、インドに「哲学」があるのだろうか？

中世哲学を専攻する同僚が、「ヨーロッパ以外に哲学があるのかな」とぽろりと洩らしたことがあった。「それは哲学をどう定義するかによるだろう」などと答えた覚えがあるが、そもそも、インドに「哲学」（フィロソフィー）に当たることばがあるのであろうか。

ちなみに、一八八四年にプーナで出版された『英梵辞典』で「フィロソフィー」の項目を見ると「ダルシャナ」とある。「ダルシャナ」は、「見る」という意味の動詞語根から派生した動名詞で、「見ること」「直観」「洞察」「知見」「見解」などを意味し、インドの「六派哲学」（シャッド・ダルシャナ）などという用例では一種の「哲学体系」を意味する。しかし、「ダルシャナ」には「智を愛する」というギリシャ語「フィロソフィア」の本来の意味はない。

アーンヴィークシキー（哲学）

「愛智」に近い意味の梵語として一時期注目を浴びたのが「アーンヴィークシキー」である。「アーンヴィークシキー」は、「追求する」という意味の動詞語根から派生した動名詞「アンヴィークシャー（追求）」からの二次派生語であり、「追求を目的とするもの」を意味する。手許の『梵英辞典』では、「論理学」「形而上学」「哲学」などの意味が与えられている。

マウリヤ王朝の創始者、チャンドラグプタ（在位、紀元前三一七〜前二九三頃）の名宰相として知られるカウティリヤの作と擬せられる、古代インドの帝王学の書『実利論』（アルタ・シャーストラ）は、その冒頭に当時の学問を列挙して言う。

学問は哲学とヴェーダ学と経済学と政治学とである。（中略）哲学はサーンキヤとヨーガと順世派（ローカーヤタ）とである。哲学はヴェーダ学における法（善）と非法（悪）とを、経済学における実利と実利に反することとを、政治学における正しい政策と悪しき政策とを、そしてそれらの［三学問の］強さと弱さとを、論理（ヘートゥ）によって追求しつつ、世間の人々を益するものである。そして、それは災禍と繁栄における［人々の］判断力を確立し、智慧と言葉と行動とに通達せしめる。

哲学は常に、一切の学問の灯明であり、一切の行動の手段であり、一切の法の依り所であると考えられる。（上村勝彦訳『実利論』岩波文庫（上）、一九八四年、二七～二八頁）

ここで「哲学」と訳された原語は「アーンヴィークシキー」である。「アーンヴィークシキー」は他の三つの学問と同列に扱われてはいない。三学問に固有の到達目標とその相互の優劣関係を「論理的に追求する学問」、個々の学問からは独立していて、しかも、どの学問にも適用可能な一種の「メタ理論」として理解されよう。したがって、「哲学」の名の下に列挙される「サーンキヤ」「ヨーガ」「ローカーヤタ」は、後に登場する同名の各哲学派と全く無関係でないにせよ、それらを直接指示するはずがない。

「サーンキヤ」は、おそらく仏教やジャイナ教など出家主義の沙門《しゃもん》教団の登場に刺激され、伝統的バラモン思想の内部に起こった、ヴェーダの祭式主義やウパニシャッドの主知主義に批判的な合理的「思索」を意味したのであろう。後には、古典サーンキヤ学派へと発展していったと考えられる。

「ヨーガ」は、後に定着する「瞑想」や「実修」という意味ではなくて、ここでは同じ語根（yuj）から派生した「ユクティ」のように、「論理」「論証」を意味したと考えられる。後にヴァイシェーシカ学派やニヤーヤ学派へと発展していった実証的傾向の先駆であろう。ちなみに、紀元後五世紀頃に活躍したインド論理学者ヴァーツヤーヤナ（別名バクシラスヴァーミン、『カーマスートラ』の作者とは別人）はヴァイシェーシカ学派を「ヨーガ派」と呼んでいる（『ニヤーヤ・スートラ』一・一・二九注解）。

「ローカーヤタ」も、ここでは伝統的バラモン思想に真っ向から対立して、唯物論を奉じた順世《じゅんせ》派そのものではなくて、勝利のためには詭弁《きべん》や論詰を駆使することも厭わない「論争術」を意味していたと考えられる。論争において自説を証明するより、むしろ対論相手の批判に専念するラディカルな姿勢は、八世紀末から九世紀初頭にかけて活躍した順世派の学者ジャヤラーシに色濃く見られるものである。

アーンヴィークシキー（論理的探求）

このように、「アーンヴィークシキー」は一種の「論理的探求」（logical investigation）を意味していたと言える。H・ヤコービは、『実利論』のこの語が西洋の伝統における「神学」から独立の批判的「哲学」に相当するものと考えたが、『実利論』以後のこの語の用例を詳細に調査したP・ハッカーやW・ハルブファスは、「アーンヴィークシキー」という語がインドにおいて、西洋の「哲学」と同じ意味で用いられ、同じような役割を果たしてきたとは考えがたいという結論に達している。「インド文化の特徴は、哲学という概念は知っていても、その概念を十全に、しかも専一にあらわす語を知らなかった点にある」とハッカーは言う。

インドに「哲学」に相当する語がなかったとしても、哲学がなかったわけではない。事情は、わが国でも同様である。オランダ留学後、日本に初めて西洋哲学を紹介した西周《にしあまね》が、「賢哲（明智）の希求」という意味で「フィロソフィー」を「希哲学」と訳し、やがて「哲学」の語が定着するのであるが、明治以前の日本で哲学的営為が全くなされなかったとは言えないであろう。大航海時代にはるばる日本にたどり着いたイエズス会の宣教師たちと、創造神の存在や霊魂の不滅など神学上の問題について、日本の仏教僧たちは対等に議論することができたし、鎖国時代にイタリア人宣教師シドッティを尋問した新井白石はキリスト教教義を批判する一方、西洋の学術の優秀性を十分評価することができたのである。インドに関して、ハルブファスは次のように言う。

今日、ヨーロッパの哲学者たちの営みや、ヨーロッパの哲学書に記録されている内容と全く同じ意味で、インドにも哲学が存在したという点に関しては、もはや議論の余地はない。インドには、実践的な智恵と概念的な精緻さ、創造的な形而上学と厳密な認識論、存在論と言語分析が同時に存在した。一般的に言って、ヨーロッパと同じ尺

度で計れる高いレベルの熟慮と概念的表出が存在したのである。(『インドとヨーロッパ』デリー、一九九〇年、二八六頁)

哲学の三つの伝統

一八七九年十二月二十五日、原坦山《はらたんざん》が東京大学で「仏書講義」を開講し、二年後の大学改組にともなって哲学科のなかに「印度哲学」が公認されたのが、わが国における「インド哲学」研究の嚆矢《こうし》とされる。インド哲学＝仏教研究というのが、現在でもわが国の「間違った」常識であるようだが、その淵源はそもそもの出発点にあったのであろう。確かに仏教はその起源をインドに発するものであるが、母国においては伝統的バラモン教徒や中世以降のヒンドゥー教徒の目から見れば、単なる異端の宗教の一つにすぎないことに注意しなければならない。もっとも、明治になって初めて、漢訳仏典のインド原典に触れることができた日本の仏教徒たちが、インド哲学の研究課題としてまず仏教を選んだのは十分理解できることである。

爾来、百年以上の歳月が流れ、主要な国立大学の文学部では、西洋哲学・中国哲学と並んでインド哲学が研究され、講義されるようになったが、これら三つの哲学の伝統を比較・対照し、総合的な評価を下そうという試みは、ほとんどなされていない。この困難な課題に敢えて挑戦し、今日でも有効な一枚の見取り図を描いてみせたのは、すぐれたデカルト研究者でもあった野田又夫である。

彼はまず、大まかにいえば青銅器時代から鉄器時代への移行に対応して、いわゆる都市国家の時代の末期に、ギリシャ・北インド・北中国の三ヶ所で、神話から哲学への移行が認められると言う。紀元前六世紀頃に相呼応するかのように、タレス、ブッダ、孔子がそれぞれの場所に登場したことが、時代の転換を象徴しているというわけである。等しく「哲学」の名を付けられる、これら三つの伝統の相異なる特色を、野田は次のように簡明にまとめている。

さて哲学に先立って神話があり、神話的想像は、人間の宇宙的運命に意味を与えようとしたが、同じことを哲学は理性的反省によって果たそうとするのである。哲学はその問題を神話から継承し、しかもその答えを理性によって見出そうとするものなのである。そして神話のふくむ問題の特にどの側面を哲学が継承し展開するか、という点で、上の三つの哲学の伝統は相異なる特色を示している。

中国では神話を道徳哲学・政治哲学によって合理化し、神話の神々を歴史的人物につくりかえた。殷人は巫と亀卜とによって示される非合理的な天命に従ったが、周人は天命を専ら道徳的なものと解釈し、またそれによって政治革命を合理化した。その周人の考えを一つの哲学に表現した孔子は、怪力乱神を語らず、鬼神を敬して遠ざくべきであると考えている。

インドではヴェーダの神々が次第に一つの原理によって統一されてゆき、最後にウパニシャッドの神秘主義に到達する。これは神話から形而上学への道を示している。しかしこのときまた神話の新たな形と言うべき業輪廻の説が現れている。これは原始的な生死の考えに道徳的意義づけを加えたものであって、この神話的想像を出発点として仏教やジャイナ教などの哲学的反省が生まれたのである。業輪廻を全く無意味と見るのは極端な唯物論者だけであって大抵の学派はそれをみとめている。結局インドでは、中国における神話の消滅とは反対に、神話と哲学との連続性が著しく示されているのである。

中国の哲学が道徳哲学を主とし、インドの哲学は形而上学を軸とするに対して、ギリシャの哲学はまず何よりも自然学に向かい、神統記・宇宙発生論の神話的想像を合理化して宇宙論（自然学）にいたったのであった。ヘシオドスやホメロスの詩は前代の神話の名残りを伝えるが、これらに現れる神々の代表的なものは、タレス以下の宇宙論のとりあげた地水火風の四元素に対応させうる、とも見られる。そしてピタゴラスやプラトンにみられるように、ギリシャでも輪廻の神話が哲学の時代に新たに現れているけれども、インドの哲学の場合とはことなって、神話的想像と理性的思考とをはっきり分けるという態度がとられているのである。(『哲学の三つの伝統』筑摩書房、一九七四年、二六〜二七頁)

ギリシャの哲学――弁論術・問答法・論証法

野田は、「古代ギリシャの哲学が、古代中国や古代インドの哲学に比して、より厳格な論理に従って考えられている」(三二頁)と推定している。ソクラテスからアリストテレスに至る思想の論理の発展段階として、彼は「レトリケ」「ディアレクティケ」「アポデイクティケ」の三つの層を区別している。

「レトリケ」とは、例えば「人間として国家社会の一員としてもつべき徳を、果たして、ソフィストたちは教育することができるのか」というソクラテスが投げかけた疑問に答えて、プロタゴラスが展開する、物語(ミュートス)と説明(ロゴス)からなる長大な演説による説得、すなわち「弁論術・修辞法」のことである。

これに対してソクラテスは、一問一答によってプロタゴラスの一つ一つの主張を論理的に吟味しようと申し入れ、相手の主張に含まれる矛盾を指摘し、論駁するのであるが、そのような「問答法」が「ディアレクティケ」と呼ばれた。

　プラトンは、哲学全体をいくつかの基本命題から他の諸命題が導き出される厳格な論理体系としてまとめあげようとして、それを「ディアレクティケ」と呼んだが、必ずしもそれに成功していない。彼の理想は、ユークリッド（エウクレイデス）の『幾何学原本』に示される見事な公理系として、彼のアカデミーにおいて数学の世界で実現されたのであった。

　アリストテレスは、ディアレクティケをもう一度ソクラテスのような問答法にもどして、蓋然的な推論としての「弁証法」と規定し、大部分の哲学的議論をこれに含める一方で、厳格な「論証法」としての「アポデイクティケ」を修辞法や弁証法から区別している。彼は三段論法の論理学を公理体系化することに成功して、いわゆる「形式論理学」を完成したのであった。

中国の哲学

　このような野田のギリシャ哲学の理解は、特にユニークなものではないだろうが、彼の独創性は、ギリシャ以外の哲学の伝統における思想の論理性・客観性を評価するために、プロタゴラスのような修辞法的段階、ソクラテスのような弁証法的段階、そしてアリストテレスのような論証法的段階という区分を適用した点にある。野田は、一般的に言って、中国の古代哲学の大部分は修辞法的段階にあったが、インドの古代哲学はある種の弁証法にまで到達したと考えている。

まず、中国古代の思想のスタイルをみると、諸子百家の説の多くはソクラテスの弁証法（一問一答法）による正確な論議よりも、プロタゴラスの修辞法的演説に近い、とみとめられる。特に中国の哲学の正統派となった儒家において、弁証法的論議を捨てて修辞の洗練をとるという傾向がいちじるしいように思われる。そしてそれに比較すると墨家や法家の主張のほうは、より論理的弁証法的である。（『哲学の三つの伝統』六四〜六五頁）

このような評価の当否は、中国哲学研究者の判断にゆだねるしかないが、修辞学的な説得の一例として、道家の荘子が中国哲学のなかの論理学派である名家の恵子（恵施）と交わしたユーモラスな対話を引用しておこう。

荘子が恵子と一緒に濠水の渡り場のあたりで遊んだことがある。そのとき、荘子はいった、「はやがのびのびと自由に泳ぎまわっている、これこそ魚の楽しみだよ。」ところが、恵子はこういった、「君は魚ではない、どうして魚の楽しみがわかろうか。」
荘子「君は僕ではない、どうして僕が魚の楽しみをわかってはいないとわかろうか、」
恵子「僕は君ではないから、もちろん君のことはわからない。［してみると、］君はもちろん魚ではないのだから、君に魚の楽しみがわからないことも確実だよ。」
荘子は答えた、「まあ初めにかえって考えてみよう。君は『お前にどうして魚の楽しみがわかろうか、』といったが、それはすでに、僕の知識の程度を知ったうえで、僕に問いかけたものだ。［君は僕ではなくても、僕のことをわかっているじゃないか。］僕は濠水のほとりで魚の楽しみがわかったのだ。」（金谷治訳注『荘子』秋水篇第十七、岩波文庫第二冊、一九七五年、二八二〜三頁）

インドの哲学

インドの古代哲学が到達した弁証法の一例として、野田はナーガールジュナ（龍樹《りゅうじゅ》、一五〇〜二五〇頃）の「空《くう》の理論」を想定しているが、インドにおける論理学の発達については、もう少し詳しい記述も与えている。

インドにおいては、非正統の哲学に属する勝論派の多元論と結びついて正理派の論理研究が生れた。認識論において直接な知覚を越えた間接な推理による認識がとりあげられ、推理形式が示されるのである。その推理形式は五句から成り、アリストテレスの三段論法の結論にあたる主張をまずのべ、続いて小前提にあたる句と大前提にあたる句とをのべるが、終わりにもう一度小前提と結論とをくりかえす形になっている。明らかに対論の場合の修辞的形式を保存しており、論理的には残りの二句は必要でない。又三段論法の第一格第一式において小前提が肯定で大前提は全称でなければならぬという二つの条件、特に後者が、満たされておらず、推理は演繹推理とはいえず、類比推理に過ぎなかった。——そこで正理学派における推理形式の上のような点を五世紀の仏教学者陳那が考え直して、三句から成る演繹推理形式をつくり上げ、これがインドにおける論理学の成立を示すものと認められている。(『哲学の三つの伝統』三五〜三六頁)

ニヤーヤ(正理《しょうり》)学派の推理が演繹《えんえき》推理ではなくて、類比推理であったという判断は正しいが、ディグナーガ(陳那《じんな》、四八〇〜五四〇頃)が演繹推理形式を作り上げたという評価は必ずしも当たらない。筆者は、インドの論理学は、その最も発展した形態においても、基本的に「帰納的論証」であったと考えるものである。ディグナーガや、彼の最大の後継者であるダルマキールティ（法称《ほっしょう》、六〇〇～六六〇頃）が、インド論理学の推理形式の厳密化に多大な貢献をなしたことは疑いのない事実であるが、彼らの論証にしても、その本質は帰納的である。この詳細は、本書第五章に明示するつもりである。

哲学の三つの伝統は、それぞれ独立して成立したにも拘らず、世界と人生についての理性的解釈を十全に提供しえた、と野田は考える。ただし、思想の論理性に関する限り、中国でもインドでも、ついにギリシャのような論理学の公理的体系を生み出すことがなかったため、アリストテレスの論証法的段階には到達しなかったのである。

ヨーロッパにおいても、古代ギリシャ哲学の伝統がそのまま現代に至るまで継承されてきたわけではない。古代末に成立したキリスト教という、すぐれて普遍的・論理的な新たな「神話」を受け入れたヨーロッパの人々は、この神話との強い緊張関係の上に立って、再び「哲学」を甦らせた、と野田は考える。それを引き起こしたのは、十二世紀から十三世紀初めにかけて、アリストテレスの哲学の全貌がイスラム文化圏を通じてヨーロッパに伝えられたからである。その結果、十七世紀に至って、数学的体系としての自然学、近代科学が確立される。かくして、インドや中国のヨーロッパに対する文化的対等性は失われ、ヨーロッパ列強による世界支配が可能となったのである。今や、好むと好まざるとに拘らず、西洋的思考が世界中の人々の生活のあらゆる分野に浸透している。単に科学・技術だけでなく、政治・経済や学問・教育、そして芸術・宗教に至るまで、西洋的価値観が支配しつつあると言っても過言ではないだろう。それだからこそ、インド的思考の特色、中国的思考の特色、そして西洋的思考との違いが明らかにされねばならないのである。

ヨーロッパにおいて哲学は、一度衰退した後、再生したという野田の指摘は、マッシー・カレッジの学生たちの間でまわし読みした、ウォルター・ミラーのSFの名作『黙示録三一七四年』（原題『リーボウィッツのための頌歌』一九五九年、邦訳、創元推理文庫、一九七一年）を連想させる。核兵器による第三次世界大戦の結果、中世以前の段階にまで後退した西暦三〇〇〇年代の地球文明は、一電気技術者リーボウィッツが残した科学的知識の記録の解読から、長い歳月をかけて徐々に再生していくが、その極みにおいて人類は再び全面的核戦争へと突入する、というストーリーである。文明保存のために、リーボウィッツがキリスト教の修道士となって修道院を設立し、その修道院のなかで、神学的知識のみならず、科学的知識が数百年かけて育まれ進歩していくという設定は、中世ヨーロッパの修道院を舞台に、アリストテレス哲学の再学習から始まって、自然学、そして自然科学が生み出されていく過程とよく符合するように思えてならない。いずれにせよ、ミラーの未来予測の当たらぬことを願うだけである。ベルリンの壁の崩壊以後、核戦争の危険性は多少減少したと言っても、老朽化していく原子力発電所と核廃棄物の処理をあやまてば、地球環境の劣悪化とともに、現代文明の衰微・滅亡をもたらす可能性はあると言わねばならない。

第二章　インド論理学の構造

一九七九年秋から一年間、ブリティッシュ・カウンシルの奨学金を得て、オックスフォードへ留学することになった。数年前にトロントからオックスフォード大学の伝統ある「東洋の倫理と宗教」の正教授（スポールディング・プロフェッサー）として赴任していたB・K・マティラルのもとで、ダルマキールティの仏教論理学の研究を続行するためであった。何事にも開けっぴろげな北米社会とは違い、ことばの後ろにある人の心を大事にする、と言えば聞こえはいいが、要するに本当は何が言いたいのかよく分からない、イギリス人との人間関係に多少戸惑いながら生活したものである。

五月に保守党のサッチャー政権が誕生したばかりで、多くの大学人たちはやがて到来する「冬の季節」を予感してはいなかった。到着したとき、シカゴ大学へ講義に出かけて留

アショーカ王柱の牡牛柱頭、紀元前３世紀。

守中のマティラルに代わって面倒を見てくれたのは、サンスクリット（梵語）の正教授（ボーデン・プロフェッサー）のR・ゴンブリッチであった。毎週木曜日の夜、当時彼が住んでいたベリオル・カレッジの塔の三階でインドの古典劇『シャクンタラー』の輪読会に参加したのは、今から思うと夢のような経験であった。そのとき一緒だったS・コリンズやP・グリフィスは、今は北米の指導的な仏教学者として活躍している。パリから訪ねて来た友人に一歳の娘のベビーシッターを頼んで、夫婦でラビ・シャンカールの演奏会に出かけたこともあった。インドの伝統音楽と石造りの古い教会が不思議な調和をなしていた。友人はワンダ・ガアグの絵本『一〇〇まんびきのねこ』を娘に見せて、「これもねこ」「あれもねこ」と言っては、時間をもたせてくれたそうである。

シカゴから帰ったマティラルは、一九七〇年にインド哲学研究のための学術専門雑誌として創刊した『ジャーナル・オブ・インディアン・フィロソフィー』に加えて、「古典インド研究叢書」の刊行を開始したばかりであり、インド哲学研究の若きリーダーとして活動の絶頂期にあった。半径数マイル以内の哲学者の人口世界一と言われるオックスフォードで、P・F・ストローソンやM・ダメットなど当代一流の論理学者たちとの知的交流を楽しんでもいた。

一九六〇年代後半から七〇年代前半にかけて、トロント大学は北米でも有数の古典インド研究の中心であった。エディンバラ大学から移ってきたパーリ仏教研究の第一人者A・K・ワーダーが、世界中から意欲的に若手研究者を集めて、インド研究のための新しい学科を構築しつつあったからである。そのなかにハーヴァード大学で「新ニヤーヤ学派の否定の理論」の研究によって学位をとったばかりのマティラルがいたのであった。彼はカルカッタ大学でインド論理学の伝統的教育を受けた後、六〇年代初めにハーヴァード大学へ留学し、D・H・H・インゴルズの下でインド文献学を学ぶと同時に、W・V・クワインから現代の西洋論理学の薫陶を受けていた。

マティラルは、インドの伝統的な哲学・宗教に現代論理学や分析哲学の視点から新しい光を投げかけることによって、インドの知的伝統がもつ普遍性が一人でも多くの現在の世界の知識人に理解されることを念願していた。オックスフォードは彼の夢を叶えてくれる最高の場であった。しかし、マティラルの最後の大著『知覚——古典インドの認識論に関するエッセイ』(一九八六年)をもってしても、オックスフォードの哲学者たちにインド哲学の普遍性がどの程度理解されたかは疑問である。インドの哲学的伝統にラッセルやヴィトゲンシュタインとの類似性があることを指摘されても、西洋の哲学の伝統の普遍性が再確認されたとしか、西洋の哲学者には受けとめられないのかもしれない。

一九九〇年の夏の終わり、久しぶりにトロントへ出かけた。東洋学関係の大きな国際学会に参加するという理由で、両親が初めて出会った土地を少し大きくなった二人の子供に見せたかったからであるが、数年前から血液ガンに冒されて、病状が重いと聞いていたマティラルに会うためでもあった。彼は化学治療を受けながら、車椅子に乗ってオックスフォードから参加していたが、バルトリハリの言語哲学に関する二度の招待講演を無事に終え、自身の研究発表では現代インドの知識人の西欧文化への反応から、インドの文化的伝統の普遍性を、西欧人の誤解を排して、インド人自身の手で確立すべきであると熱っぽく説いていた。学会の後、久しぶりに二人でゆっくり話す機会があった。『インド人の論理学』という本を書こうとしていると言うと、マティラルは自分も『インド論理学小史』を書くつもりだと意気軒昂に語ってくれた。そのとき彼が言った、西洋の論理学は「プロセス志向型」(process-oriented)だが、インド論理学は「目的志向型」(goal-oriented)だというとばは、今も耳に残っている。たくさんの仕事をやり終えて、翌年六月、マティラルは逝った。享年五十六歳であった。

インド哲学への歩み——神話から哲学へ

インドについて、我々が知る最初の文明は、紀元前二〇〇〇年を中心に約一千年の間、インダス河流域のハラッパーとモヘンジョ・ダロの二大都市を初めとして広範囲にわたって繁栄したとされるインダス文明である。二十世紀になって初めてその存在が知られるようになった、この青銅器時代の文明については、多数の遺跡や遺物が発掘されているにも拘らず、その精神文化に関しては、残された印章に刻まれた文字が未解読であることもあって、残念ながらほとんど知るところがない。わずかに、地母神崇拝や動物・樹木崇拝が行われていたこと、後代のヨーガに似た瞑想の実修が行われていた可能性が想像されるくらいである。

インドの歴史を振り返るとき、インド人が「ジャンブ・ドヴィーパ」（閻浮《えんぶ》提《だい》洲）あるいは「バラタ族の国土」（バーラタ・ヴァルシャ）と呼び習わしてきた、この逆三角形の亜大陸が、しばしば外国勢力の支配下に置かれてきたことをあらためて知らされる。近くは、一六〇〇年の東インド会社設立以降徐々に勢力を拡大していったイギリス人の手によって、十九世紀初めにはほぼインド全域が植民地支配下に置かれ、一九四七年のインド・パキスタンの分離独立まで、徹底的な収奪が続いた。それ以前には、十一世紀初めにインドに侵入し始めたイスラム教徒たちが、十二世紀末から十三世紀初めにかけてインダス・ガンジス両河流域を征服し、その後多くの王朝を成立させて、約五百五十年の長きにわたって支配し続けた。さらにそれ以前にさかのぼると、紀元前四世紀のマケドニアの王アレクサンドロスのインド侵入を契機として、紀元前二世紀から約五百年間、西北インドは、ギリシャ人・パルティア族・シャカ族・イラン人などの異民族の支配下に置かれた。このような西から東への民族大移動の波は、既に紀元前二〇〇〇年頃から始まっていたのである。

「アーリヤ人」と呼ばれる、おそらくヨーロッパ大陸のいずこかに源を発し、南下して後にギリシャ・ローマの古代文明を形成し、東進してイランの古代文明を形成した民族が、さらに東へ移住してインダス河上流の五河（パンジャーブ）地方に定住し始めるのが紀元前一五〇〇年頃とされる。彼らは先住民族であったドラヴィダ人やムンダ人を、あるいは征服し、あるいは南インドへ駆逐して、現在我々が知る古代インド文明を作り上げたのであった。彼らの宗教に関しては、紀元前一二〇〇年頃に成立したと考えられるインド最古の聖典『リグ・ヴェーダ』から知られるように、天や地、太陽や暁光、雨や風などの自然界の諸現象を神格化した多神教である。「バラモン」と呼ばれる祭官が、神々をたたえる讃歌を詠唱して、祭火の灯された祭壇に神々を招請し、供物を捧げることによって、戦勝や子孫繁栄など様々な祭主の願いが叶えられると考えられていた。このようなバラモンによる祭祀《さいし》を中心とした宗教を、我々は「バラモン教」と呼ぶのである。

インドにおける哲学的思弁の萌芽は、この『リグ・ヴェーダ』の最新層をなす第十巻に含まれる、数篇の宇宙開闢《かいびゃく》の讃歌に見いだされる。「そのとき、宇宙の初めに、無もなく、有もなかった」という句で始まる、一種謎かけのような詩節（一〇・一二九）は、宇宙の創造に関する様々な考えを提示した後に、神々すらも創造の所産であると明言する。そして、「この創造はどこから生じたのか、誰かによってなされたのか否か、最高天にあってこの世界を見守る方は、きっとご存知であろう。あるいは、ご存知でないかもしれない」という、神に対する懐疑的な述懐で終わっている。この讃歌に、多くのインド哲学史家は、インドにおける神話から哲学への移行の端緒を見いだすのである。

新たなる神話――業報・輪廻

紀元前一〇〇〇年頃、アーリヤ人はさらに東へ移住し、ヤムナー河とガンジス河の中間地帯に進出し、氏族制農村社会を確立する。ヴェーダ祭祀の複雑化に伴って、祭式の規定や、その神学的解釈が与えられるようになるが、さらに宇宙の根本原理や個体の本質に関する哲学的考察も加えられるようになった。後者を記録するのが一群のウパニシャッド（奥義書）文献である。その最古のものは紀元前六世紀頃に成立したと考えられる。ここに、「梵我《ぼんが》一如《いちにょ》」という、宇宙原理ブラフマン（梵）と個体原理アートマン（我）の等置、神秘的同一化の知を追求する神秘主義的哲学が成立したのであった。一方、野田又夫が正しく指摘するように（前掲書、二九頁）、「業報《ごうほう》・輪廻《りんね》」という新たな神話が登場し、これよりの解《げ》脱《だつ》がこれから後インドのすべての宗教・哲学に共通の課題となった。実に、業報・輪廻の思想は、現代に至るまでインド人の死生観を強く支配して来たのである。

人は死ぬと天上の楽土に行くというヴェーダ時代の楽天的な死生観は、やがて天上界における「再死」という観念を経て、ウパニシャッド時代になると、火葬にふされたものは、煙となって天上界に昇るが、「神の道」を通って不死の世界に赴かない限り、「祖霊の道」を通り、雨になってこの地上に舞い戻り、食物連鎖を経て、再生を繰り返すという絶望的な輪廻説へと転換する。一方、よい行為をした人は楽しい結果を得、悪い行為をした人は苦しい結果を得るという業報の思想は、本来輪廻説とは独立に成立したものであろうが、行為の結果は死後も行為主体につき従うと考えられるようになると、輪廻説を正当化する原理と見なされるようになったのであろう。

紀元前六〜前五世紀頃のインドは、時代の大きな転換点であった。ガンジス河中流域には多数の商業都市が生まれ、従来の小村落を単位とする氏族制農村社会は都市を中心とする群小国家へ、やがてコーサラ、マガダなどの大国へと変貌していった。それに呼応するかのように、伝統的なバラモン教の祭式中心主義に批判的な、多数の自由思想家が輩出した。彼らは、村落や都市で活動するバラモン（ブラーフマナ）に対して、出家修行者を意味する「沙門《しゃもん》」（シュラマナ）と呼ばれた。なかでも後代まで影響力を及ぼしたのが、ジャイナ教の創始者マハーヴィーラと仏教の開祖ゴータマ・ブッダである。マウリヤ王朝のアショーカ王（紀元前二六八年即位）に代表されるように、紀元前五世紀以降のインド社会においては、仏教・ジャイナ教などの非正統的な沙門教団が、バラモン教に勝るとも劣らない支持を受け、影響力を及ぼすようになるのであった。

哲学体系の形成

一方、この新しい思想運動に連動するかのように、紀元前四〜前三世紀になると、バラモン教の内部からも、新しい韻文スタイルのウパニシャッドが登場し、そこからインドにおける最初の哲学派というべき、サーンキヤ学派が成立していくのであった。サーンキヤ学派は、ウパニシャッドのブラフマンに当たるものとして、現象世界の根本原因である「原質」（プラクリティ）を立て、アートマンに当たる「精神原理」（プルシャ）と峻別する典型的な物心二元論を主張したが、「人生は苦である」と考え、苦を除去する方法を提示しようとする点、ヴェーダの祭式主義に批判的な点など沙門派と共通する姿勢が見られる。後になって、サーンキヤ学派の二元論は、バラモン教の衰退と入れ替わるように登場し、インド土着の民間信仰を色濃く反映すると考えられるヒンドゥー教の思想的基盤として重要な役割を果たすのである。

ブッダの没後、仏教徒の間でその教義を体系化しようとする試みが発展し、やがて我々の経験世界を構成する究極的な物質的あるいは心理的要素（ダルマ）を分析し、それらの間の様々な関係を吟味・検討する「アビダルマ哲学」が、仏教各部派において形成される。再びそれに呼応するかのように、紀元前二世紀頃から、現象世界を実体・属性・運動・普遍・特殊・内属という六つの範疇によって分析するヴァイシェーシカ学派が成立していったのであった。このように存在をその構成要素に分析しようとする自然哲学的な考えは、もちろんウパニシャッドにその源流を見いだすことができるが、祭式中心主義の伝統的バラモン教のなかでは異端に類する考えであったに違いない。このようにして、インド古代文化の黄金時代と見なされるグプタ王朝時代（四〜五世紀）に至るまでに、ヴェーダ祭祀の意義を哲学的に解釈するミーマーンサー学派、認識論・論理学を専門的に研究するニヤーヤ学派、ヨーガの実修法を体系的に考察するヨーガ学派、そしてウパニシャッドの「梵我一如」の思想をさらに深く追求するヴェーダーンタ学派が次々と登場した。かくして、正統バラモン教内部に、いわゆる「六派哲学」が成立したのであった。

認識論・存在論・宇宙論・解脱論

二十世紀を代表するインド哲学者の一人、E・フラウワルナーが『インド哲学史』の序論に明快に説くように、六派哲学のみならず、仏教やジャイナ教を含めた、インド哲学諸派の体系は、ある構造を共有している。すなわち、まず最初に、正しい認識の基盤を吟味し、当該哲学理論を導出するための認識手段の確立を目的とする「認識論」がなければならない。次に、世界を構成する存在要素の枚挙、言い換えれば、範疇論的「存在論」を伴う、学派固有の世界観が提示される。さらに、それらの構成要素からの世界の創造と持続を記述する一種の「宇宙論」が示され、最後にこのような世界像から帰結される、人間の行為に関する倫理的議論、つまり「解脱論」がある。このように見ると、ギリシャや中国の哲学の伝統と比較するとき、インド哲学の最大の特色が解脱論にあることは明らかである。解脱とは、もちろん業報・輪廻からの解放を意味している。ことほど左様に、最古期ウパニシャッドが提示した業報・輪廻の教説は、インド哲学の体系的枠組みを決定してしまったのであった。

ニヤーヤ学派

では、六派哲学のなかでも論理学を専門に研究する学派とされる、ニヤーヤ学派の最初の学説綱要書である『ニヤーヤ・スートラ』（正理経）の内容を一瞥して、インド論理学の守備範囲を確認しておこう。『ニヤーヤ・スートラ』は、五百二十前後の簡潔な定句（スートラ）から成り、それぞれ二章に分かれる五篇に配分される。

第一篇では同派が認める論理学の主題となる十六の原理（パダ・アルタ）を、標示・分類・定義している。第二～第四篇では、それらの諸原理に関する異説を批判しながら詳細な検討を加えている。最後に第五篇では、十六原理の最後に位置する「誤った論難」と「敗北の立場」を再び取りあげ、それぞれの定義と具体例を挙げる。

『ニヤーヤ・スートラ』の第一篇と第五篇は、カニシカ王の侍医チャラカが編集したとされる医学書『チャラカ・サンヒター』（一～二世紀頃）やナーガールジュナ（龍樹）に帰せられる『方便心論』に含まれる、討論のためのマニュアルと多くの共通点が見いだされる。第二～第四篇で批判される異説の内容から見て、三世紀末にほぼ現在の形をとるに至ったと考えられる。

『ニヤーヤ・スートラ』は、冒頭に論理学の考究の対象となる十六の原理を標示する。以下、同書の和訳は『世界の名著1　バラモン教典・原始仏典』（中央公論社、一九六九年）の『論証学入門』に含まれる服部正明訳を原則として利用する。きわめて簡潔な定句の解釈には、並行して訳出されているヴァーツヤーヤナの『注解』を利用した。

> 知識手段・知識の対象・疑い・動機・実例・定説・支分《しぶん》・吟味・確定・論議・論諍《ろんじょう》・論詰・疑似的理由・詭弁《きべん》・誤った論難・敗北の立場の真理の認識によって、至福の達

成がある。(一・一・一＝第一篇・第一章・第一定句)

(一) 認識論

十六原理の第一に挙げられるのが、対象を認識するための手段としての「知識手段」あるいは「認識手段」(プラマーナ)である。これは『ニヤーヤ・スートラ』の、そしてインド論理学一般の、第一の課題が「認識論」であることを示唆している。ニヤーヤ学派は、知識手段として「知覚」「推理」「比定」「証言」の四種を認める(一・一・三)。

知覚

知覚とは、鼻・舌・目・皮膚・耳の五つの感覚器官が、それぞれの認識対象である香・味・色・可触性・音と接触する「はたらき」であるが、その結果として生じる知識も知覚と呼ばれる。

感覚器官と対象の接触によって生じた、いいあらわされない、錯誤のない、決定性をもつ知識が「知覚」である。(一・一・四)

結果としての知覚は、味や香などの対象の認識であるが、未だ「味」や「香」などということばを伴わない、いわば対象の前言語的、直接的把握である。そして、同じ感官知のなかでも、陽炎《かげろう》を水と見るような錯誤知や、遠方から何かが舞い上がるのを見て煙とも霞《かすみ》とも決定できない不確定の知は、知覚から排除される。

知識主体であるアートマンは、

（1）まず感覚器官によって対象を甘味や芳香などと確認し、

（2）そののち思考器官（マナス）によって「これは甘い」「これは芳しい」などと概念的に把握する。

（3）その結果さらに、「これは欲しい」「これは要らない」「無関心」といった判断を下し、それぞれに相応しい活動を起こさせるのである。

三種の推理

推理とは、知覚によって直接的に知ることができない対象を、現に知覚されている徴《ちょう》表《ひょう》（リンガ）を通して知ることである。その対象と徴表の間には推理を正当化する何らかの関係がなければならない。

例えば、煙によって火を推理できるのは、両者の間に、煙は火から生じるという因果関係があることがよく知られているからである。
（1）遠くの山に立ち昇る煙を知覚したのち、
（2）煙と火との間の特別な関係を想起して、
（3）再びその山に煙があることを確認したうえで、
（4）そこに火があると判断する。
という一連のプロセスが、推理と呼ばれるのであるが、そのどの部分が知識手段と見なされるべきかは、初期のニヤーヤ学派では明確ではない。

火の認識が結果であることは言うまでもない。もっとも、『ニヤーヤ・スートラ』は、三種の推理の名称を挙げるだけで、一般的な定義も、個々の推理の具体例も提示しない。

さて、それ（知覚）を前提とする三種の推理がある。過去のものを（対象として）もつ（推理）と、未来のものを（対象として）もつ（推理）と、（現在のものを）共通性にもとづいて認識する（推理）とである。（一・一・五）

『チャラカ・サンヒター』

三種の推理の原語は、それぞれ「プールヴァヴァット」「シェーシャヴァット」「サーマーニヤトー・ドリシュタム」であるが、様々な文献に記録されているその解釈は実に様々である。右の服部訳は、『チャラカ・サンヒター』の解釈にもとづいている。同書第一巻第十一章によると、推理は知覚を前提とし、過去・未来・現在の三時にわたって機能する。

（一）「過去のもの（プールヴァ）を対象としてもつ（ヴァット）推理」とは、例えば現在の懐胎の外見から過去の性交を推理する場合である。

（二）「未来のもの（シェーシャ）を対象としてもつ推理」とは、例えば種から芽が出るのを経験したうえで、現在の種から将来芽が出ることを推理する場合である。

（三）「共通性にもとづいて（サーマーニヤトー）認識する（ドリシュタム）推理」とは、例えば現在目に見える煙から、隠されているが現に存在する火を推理する場合である。

簡単に言えば、

（一）現在→過去
（二）現在→未来
（三）現在→現在

という三時にわたる三種の推理である。

同様の解釈は『方便心論』にも見られ、そこで三種の推理は（一）「前比」、（二）「後比」、㈢「同比」、と漢訳されている。

ヴァーツヤーヤナ

三種の推理の様々な解釈可能性を承認するかのように、『ニヤーヤ・スートラ』の注解者ヴァーツヤーヤナは、『チャラカ・サンヒター』等とは異なる二様の解釈を提示する。まず、

㈠「プールヴァヴァット」は、「原因をもつもの」と理解され、例えば雲の隆起によって「雨が降るだろう」と推理するように、原因から結果を推理する場合である。

㈡「シェーシャヴァット」は、「結果をもつもの」と理解され、例えば河の濁水や増水状態から「上流に雨が降ったに違いない」と推理するように、結果から原因を推理する場合である。

㈢「サーマーニヤトー・ドリシュタム」は、前二者とは違って、全く知覚できない対象領域に関する推理である。例えば先にある場所で見られた人が、後に別の場所で見られるのは、彼が歩行するからであるが、太陽も同様に東から出て西に沈むのが見られるから、知覚はされないが太陽の運行が推理されるのである。この種の推理は、サーンキヤ学派の「原質」や「精神原理」のように、定義上知覚されえないものの

存在証明にしばしば利用されたのであった。

ヴァーツヤーヤナの別釈によると、

（一）「プールヴァヴァット」は、「以前（プールヴァ）と同様（ヴァット）」と理解され、例えば煙の知覚から火の存在を推理するように、かつて一緒に知覚された二つのもののうち、いずれか一方を現に知覚することによって、知覚されない他方の存在を推理する場合である。

（二）「シェーシャヴァット」は、「残余法」（パリシェーシャ）と等置される。つまり、いくつかの理論的可能性を順次否定することによって、残された唯一の命題の正当性を論証する一種の帰謬《きびゅう》論証（背理法）である。これについては後に第四章で詳しく述べることになる。

（三）「サーマーニヤトー・ドリシュタム」は、例えば欲求などの心理作用から知覚不可能なアートマンの存在を推理するように、煙と火の場合と違って、欲求とアートマンとの間の関係が知覚されることはなくても、

「欲求は属性である。属性は実体に依存する。

したがって、欲求が依存する実体、すなわちアートマンが存在する」

というように、間接的に推理する場合である。これは前釈の（三）と本質的に違いはない。

推理を正当化する関係

推理において重要な位置を占めるのは、煙によって火を推理する場合の「因果関係」のように、当該の推理を正当化する、徴表とそれを通して推理される対象との間の何らかの関係である。この点に関して、『ニヤーヤ・スートラ』もその『注解』も特に言及することはない。おそらくニヤーヤ学派は、その成立当初から、狭義の論理学に相当する「問答法」や「論証法」を主たる研究対象とし、広義のインド論理学に含まれる「認識論」や「存在論」にはあまり関心がなかったと言える。これに対して、サーンキヤ学派とヴァイシェーシカ学派は、インドにおける認識論の形成に大きく貢献したと考えられるが、どのような推理が正当化されるかという問題についても言及している。

例えば、ヴァイシェーシカ学派の最初の学説綱要書である『ヴァイシェーシカ・スートラ』（一～二世紀）は、AB二項間に、

（一）「AはBの原因である」あるいは「AはBの結果である」という因果関係、

（二）煙と火のような結合関係、もしくは角と牛のような内属関係、

（三）手と足が同じ身体に内属するように、ともに同一物Cに内属する関係、
（四）雨の降らないことと風と雲の結合のように、互いに相容れない関係、
があるとき、Aを徴表としてBの存在を推理できると言う。

牛特有の角が見えれば、そこに見えなくても牛がいることが推理されるし、人の手が見えれば、そこに足もあることが推理される。雨が降っていなければ、上空に雨を降らす雲を風が吹き集めていないことが推理されるというわけである。

一方、サーンキヤ学派の初期の学説綱要書である『シャシュティ・タントラ』（六十科論、四〇〇年頃）は、原本が散佚して、その内容は断片でしか知ることができないが、同様に推理を成立させる七つの関係を認めていたと伝えられている。以下のものである。

（一）例えば王様とお付きの家臣の間には一種の「所有者と所有物の関係」があり、
　　家臣がいればその近くに王様もいるはずだと推理される。
（二）ミルクと凝乳《ぎょうにゅう》の間には「本質と変異の関係」があり、
　　ミルクが変化したものである凝乳があれば、先行するミルクの存在が推理される。
（三）馬車とその構成要素である車輪などの間には「質料因と結果の関係」があり、
　　車輪が見えれば、馬車全体の存在も推理される。
（四）陶工と壺の間には「動力因と結果の関係」があり、

壺があれば、それを作った陶工の存在が推理される。

（五）木とその枝などの間には「素材と形成物の関係」（あるいは「部分と全体の関係」）があり、

枝から木の存在が推理される。

（六）仲睦まじいことで知られるチャクラヴァーカ鳥（おしどり）のつがいには「共存関係」があり、

雄鳥がいれば、雌鳥がいることも推理される。

（七）蛇とマングースの間には、蛇を見つければマングースが食べるという「敵対関係」があり、

蛇がいれば、マングースはいない、マングースがいれば、蛇はいないと推理される。

後に、インド論理学を再編成し、「新しい論理学」を確立したとされる仏教論理学者ディグナーガ（陳那）は、以上のような具体的な関係にもとづく推理を徹底的に排除した。本書第五章で述べるように、彼にとって推理とは、私たちの「話の世界」（the universe of discourse）、すなわち抽象的な概念の世界において成立するAB二項間のAによるBの包摂関係にもとづいて行われるものである。したがって、AがないところにはBもありえな

いという二項間の「不可離の関係」によって、Bを徴表としてAの存在を推理することが正当化されるのである。ヴァイシェーシカ学派やサーンキヤ学派の挙げる様々な「関係」が正しい推理を導くことに成功することがあるとすれば、それは二項間に「不可離の関係」が成立しているからであるとディグナーガは考えた。これに対して、ディグナーガの後継者であるダルマキールティは、再び「因果関係」と「同一性の関係」という関係概念を導入して、推理論を展開したのであった。

その他の知識手段

ニヤーヤ学派は、第三の知識手段である「比定」を次のように定義する。

周知のものとの相似によって、証示されるべきものを証示するのが「比定」である。(一・一・六)

例えば、町に住む人が「ガヴァヤは牛に似ている」と教えられた後、森に行って、牛とよく似た四足動物を見つけて、「これがガヴァヤだ」と理解するような場合である。牛とガヴァヤとの類似性にもとづく認識であるから服部訳では「類推」(Analogy)と訳されるが、未知の対象に名称を適用することであるから「比定」(Identification)という訳語を採用しておく。

最後に、「証言」は次のように定義される。

信頼しうる人の教示が「証言」である。(一・一・七)

それ(証言)は、対象が知覚されるか、対象が知覚されないかによって、二種に分けられる。(一・一・八)

ヴァーツヤーヤナは「信頼しうる人」に注して、「ものの本性を直証《ちょくしょう》(直観・体得)した人」と言い、聖仙であるか通常人であるか、アーリヤ人であるか外国人であるかを問わないと明言する。現在、我々の日常生活における大部分の知識は、学校教育を初めとして、書物・新聞・雑誌などの活字メディア、テレビ・ラジオなどの視聴覚メディアなど、いずれも「ことば」を媒介として獲得される。ただし、その発信源が「信頼しうる」か否かは別問題であるが。「対象が知覚されない」証言とは、「業報」や「来世」など通常人には知ることができない領域に関する聖仙たちの証言であろう。

以上のように、ニヤーヤ学派は、(1)知覚、(2)推理、(3)比定、(4)証言、の四つの知識手段を認める。おそらく知識手段に関する限り、これがインドにおいて最も常識的な理解であろう。ただし学派によっては違った見解がある。

例えば、ローカーヤタあるいはチャールヴァーカとも呼ばれる、インドの唯物論者たちは、新たな神話である業報・輪廻の思想を拒否して、「明日の孔雀より今日の鳩の方がいい」という徹底した現実肯定主義の立場をとった。彼らは信頼しうる知識手段として知覚のみを認めている。夜の間に王道の砂の上に両手の三本指で狼の足跡を付けておいたローカーヤタ学派の者が、翌朝になって「足跡から推測するに、夜のうちにきっと狼が来たに違いない」と慌てふためく学者たちを笑いものにする話は、よく知られている。推理による直接的論証に信頼をおかないローカーヤタ学派は、実際の教義論争においては「もっぱら対論相手の批判に専念する」一種の帰謬《きびゅう》論証を駆使することになる。

ヴァイシェーシカ学派は、知識手段として知覚と推理のみを認めている。その他のものは、推理の一種と見なされるのである。この考えは後にディグナーガ以降の仏教論理学者の認めるところとなった。

サーンキヤ学派は、知識手段として知覚と推理と証言の三種を認めている。

ミーマーンサー学派のプラバーカラ派は、知覚、推理、比定、証言に加えて、(5)「要請」という知識手段を認めている。「要請」とは、見られた事柄や聞かれた事柄から、別様には説明できないという意味で、ある別の事柄が論理的に要請されることである。例えば、まるまる肥った男が昼間には一切食事をしないことを確かめたうえで、「きっと彼は夜の間に食事をするに違いない」と判断するような場合である。

ミーマーンサー学派のバーッタ派は、さらに（6）「非存在」という知識手段をたてる。これは、対象に関していかなる他の知識手段も発動せず、いかなる知識も得られない場合、「その対象は存在しない」と判断する場合である。

要請や非存在も、ヴァイシェーシカ学派や仏教論理学者の目から見れば推理の一種にすぎないであろう。

以上が主要な知識手段であるが、さらに
（7）ことばを聞いて直ちにその意味を理解する「直観」（ひらめき）、
（8）演劇において観衆に特定の意味を理解させる「身振り」、
（9）ヴェーダ聖典などの「口伝」、
（10）千による百の知の「随生」（あるいは包含）
などをも独立の知識手段と見なした人々もいたようである。後代のジャイナ教の論理学者には、知覚・推理・証言の他に、（11）「想起」、（12）「再認識」、（13）「帰納法」を独立の知識手段として認めている者もいる。

(二) 存在論

再び『ニヤーヤ・スートラ』の冒頭に戻ると、ニヤーヤ学派の十六原理のうちの第二番目のものとして「知識の対象」(プラメーヤ)が挙げられる。

「知識の対象」はこれに対して、アートマン・身体・感覚器官・対象・意識・思考器官・活動・欠陥・転生《てんしょう》・結果・苦・解脱である。(一・一・九)

ヴァーツヤーヤナの『注解』によると、「アートマン」はすべてのものを認識する主体、あらゆる事柄を経験する主体であり、その経験の起こる場所が身体、経験の道具が感覚器官、経験されるべきものがその対象、経験内容が意識である。知覚によって捉えられない「アートマン」は、欲求・嫌悪・意志的努力・快感・不快感・知識という特有の属性によってその存在が推理される。

「身体」は、行動・感覚器官・対象の依りどころである。

「感覚器官」は、鼻・舌・目・皮膚・耳であって、それぞれ地・水・火・風・虚空という元素から成る。

感覚器官の「対象」は、地元素などの属性としての香・味・色・可触性・音である。簡単にいうと、感覚器官はそれぞれ固有の元素を質料因とし、その元素に固有の属性を対象とする。すなわち、鼻―地元素―香、舌―水元素―味、目―火元素―色、皮膚―風元素―可触性、耳―虚空元素―音というような対応関係にある。

「意識」（ブッディ）はアートマン特有の属性であり、認識（ウパラブディ）や知識（ジュニャーナ）と同義語である。

すべてのものが感覚器官によって知覚されるわけではない。記憶・推理・証言・疑い・想像・夢の中の意識・思慮・快感などの内的知覚および欲求などの心理作用の原因として、「思考器官」が要請される。感覚器官によって知覚された内容は、思考器官によってアートマンへ伝達される。したがって、複数の感覚器官が同時にそれぞれの対象に接触している場合にも、多種の知識が同時に生じることはない。このことがまた感覚器官によっては知覚されない思考器官の存在を推理させる徴表である。

「活動」とは、語・意識・身体のはたらきであり、それを引き起こすのが貪欲・嫌悪・蒙昧《もうまい》という人間のもつ「欠陥」である。

アートマンが、生命体を構成する諸要素である身体・感覚器官・思考器官・意識・感受との結合を捨てるのが死であり、別の諸要素と再び結合するのが「転生」である。

人間の欠陥とそれによって引き起こされる活動の「結果」、人は楽や苦を享受する。

実に人間の生存は「苦」そのものであり、その苦からの究極的な解放、生死の連続の遮断が「解脱」である。

以上のように『ニヤーヤ・スートラ』における知識の対象は、人間存在の在り方とその生死流転《しょうじるてん》から解脱までの行程を十二の項目で整理したものである。解脱を「苦からの解放」と規定する点に、仏教やサーンキヤ学派との親近性を見いだすことができる。

ヴァイシェーシカ学派の六つのカテゴリー

ところで、後代のニヤーヤ学派の学説綱要書では、右のようないわば実存的存在論ではなくて、「知識の対象」としては実体・属性・運動・普遍・特殊・内属というヴァイシェーシカ学派の六つの原理（パダ・アルタ）にもとづいた範疇論的実在論を採用するようになる。「パダ・アルタ」とは、文字通りには「ことば（パダ）の表示対象（アルタ）」を意味し、「句義」と漢訳されるが、列挙される項目から容易に推測されるように、ここでは「存在のカテゴリー」を意味する。

ヴァイシェーシカ学派の自然哲学の核心をなすこのカテゴリー論は、つとに医学書である『チャラカ・サンヒター』によって採用されており、後に文法学者のバルトリハリや仏教論理学者のディグナーガがことばの指示対象や適用根拠を議論するさいにも類似の存在のカテゴリーを前提としている。

したがって、ヴァイシェーシカ学派と姉妹関係にあるニヤーヤ学派が、前者のカテゴリー論を全面的に受け入れるのに、何の不思議もない。ニヤーヤ学派の「四種の知識手段」と同様に、ヴァイシェーシカ学派の「六つの存在のカテゴリー」という考えも、一種のインドにおける哲学的思弁の常識として学派の枠を超えて受け入れられていったのであろう。

ここで主として『ヴァインェーシカ・スートラ』によって、簡単に六つのカテゴリーを説明しておこう。インドの町の大通りを一頭の白い牛がゆっくり歩いているとしよう。目の前に見えるのは、頭に二本の角をもち、喉の下に特有の皮膚のたるみがあり、背中に隆起がある四本足の牛の「身体」であるが、牛の身体は、「地元素」から構成される実体である。

実体には多数の属性と運動が内属している。例えば、今の場合、少なくとも「白い色」と「一という数」という二つの属性と「進行」という運動が内属している。「内属」とは、ヴァイシェーシカ学派特有のカテゴリーであり、木と斧のようにそれぞれ独立して存在しうる二つのものの間の結合関係とは異なり、牛の白色と牛、あるいは牛の歩行と牛のように別々には存在しえない二つのものの間に成立する関係である。

普遍と特殊

さらにこの牛には、この世に存在する他のすべての牛との共通性、「これも牛」「それも牛」という観念を生じる原因となる「牛性」という普遍が内属する。牛性は、「これは馬ではない」「犬ではない」などと他の観念を排除する原因であるから、特殊というカテゴリーにも属すと見なされる。

牛には実に多くの普遍が内属している。牛性より上位の普遍として、「地元素所成性」「実体性」「存在性」など、下位の普遍としては、「白牛性」などが内属している。牛性は地元素所成性に対しては特殊、白牛性に対しては普遍と見なされる。

ヴァイシェーシカ学派のカテゴリー論において、普遍と特殊は、種と類（genus-species）のように、相対的な関係にあり、最高位の普遍である「存在性」から最低位の特殊である「原子性」などに至るまで、一種の樹状のヒエラルキーを形成しているのである。

初期のヴァイシェーシカ学派では、普遍＝特殊は「観念に依存する」と見なされ、実体・属性・運動と同レベルの存在とは考えられなかったようであるが、後に「およそ知られうるもの、名付けられうるものは、実在する」という範疇論的実在論が確立すると、六つのカテゴリーは等しく外界に実在すると考えられるようになった。

なお、牛に内属する属性や運動にも「属性性」や「運動性」、さらに「色性」「白色性」「一性」「進行性」などの普遍＝特殊が内属している。しかし、普遍や特殊にさらに「普遍－性」「特殊－性」「色性－性」といった普遍が内属することはない。「○○性－性－……」というように、無限に普遍が増大することになってしまうからである。内属にも「内属－性」という普遍が内属することはない。同様に無限に増えてしまうからであるが、同時に内属はこの世にただ一つしか存在しないと考えられているので、唯一者には多数のものの共通性と見なされる普遍はありえないからである。

内属

属性とその基体である実体、運動とその運動者である実体、普遍とその個物に当たる実体や属性、さらに、およそ不可分離に成立している二つのものの間には、この内属が一種の「接着剤」として必ずあると考えられるのであるが、それが牛などと同じように外界に実在し、しかもただ一つであるというのは、常識的には受け入れがたいところがある。内属というのは、我々の観念のなかにのみ存在する概念的な存在であるという仏教論理学者たちの批判の方が理解しやすい。しかし、徹底的な範疇論的実在論の立場に立つヴァイシェーシカ学派では、「AにBがある」という観念が生じる限り、内属はその対象として存在しなければならないのである。

もう一度牛に注目してみよう。ヴァイシェーシカ学派のカテゴリー（パダ・アルタ）とは、「一頭の白牛が行く」という言明を構成する各ことば（パダ）の表示対象（アルタ）に他ならない。「一頭」は属性「一数」を、「白」は同じく属性「白色」を、「行く」は「進行」運動を、そして「牛」はそれらの基体となる実体を表示しているのである。

ヴァイシェーシカ学派のカテゴリーとは、これらの名称・観念の対象に他ならない。「牛」という語が、目の前の牛だけでなく、世界中の牛に適用可能なのは、「牛性」という普遍が内属するからである。

実体

実体・属性・運動という三つのカテゴリーの下位分類を挙げて、簡単に説明しておこう。

実体には九種ある。まず、「地・水・火・風」の四元素であり、それぞれ原子の状態で存在する。一個の原子は知覚されないが、二個の原子が集まった「二原子体」が、さらに三個集まった「三原子体」からは知覚可能である。暗室に射し込む太陽光線中に浮遊する微細な塵がこの大きさだとされる。このようにして多数の原子が集合していった結果、身体・感覚器官・対象の状態の実体が生じるのである。

五番目の元素として、知覚されないが、「虚空」がある。この世に一つしかなくて、しかも遍在し、恒常的である。虚空は単なる空間ではなくて、空間を埋めるエーテルのような存在であることが注意されなければならない。

次に、「時間」と「方位」（＝空間）という実体がある。「虚空」と同じく単一で、遍在し、恒常的である。それぞれ、時間は同時・異時、遅・速の観念、方位は東西南北などの観念が生じる原因と見なされる。

最後に「アートマン」と「思考器官」（マナス）がある。いずれも原子の複合体ではなくて、虚空などと同様に単体であり、知覚不可能である。知覚できないアートマンの存在論証は、ローカーヤタ学派や仏教徒を除いて、すべてのインド哲学諸派にとって共通の重要な課題であった。思考器官は、既に述べたように、感覚器官によって知覚された対象に関する情報をアートマンに伝達する役割を果たしている。原子大であり、一つの感覚器官から別の感覚器官へきわめて敏速に移動するので、私たちは音楽を聴きながら、同時に踊り子を見ているという錯覚を生じるのだとされる。ヴァイシェーシカ学派は、二種の知覚が同時に生じることを認めず、またそれが思考器官の存在証明となると考えている。なお知覚や推理などの認識は、実体ではなくて、アートマン特有の属性とされることを注意しておく。

属性と運動

属性には十七種が数えられる。

まず、白・青・黄など七種の「色」、甘・酸など六種の「味」、芳香と悪臭の二種の「香」、冷・熱・非冷非熱の三種の「可触性」である。色は地・水・火の三元素に内属し、味は地・水二元素に内属し、香は地元素のみに内属し、可触性は四元素すべてに内属する。

次に、「数」「量」「別異性」「結合」「分離」があり、すべての実体にある。「彼方」と「此方」は四元素と思考器官に内属する。「知識作用」「快感」「不快感」「欲求」「嫌悪」「意志的努力」はアートマンのみの属性である。

後代になると、さらに七種の属性が付加された。「重さ」は地・水二元素に、「流動性」は地・水・火の三元素に、「粘着性」は水元素のみに内属する。さらに「音」は虚空のみ、「功徳」と「罪過」はアートマンのみの属性である。

最後に慣性・潜在印象・弾力性という三種の「潜勢力」がある。慣性は四元素と思考器官に内属するが、潜在印象はアートマンのみ、弾力性は地元素のみにある。

次に、運動としては、「上昇」「下降」「収縮」「伸張」「進行」の五種が数えられる。

運動は、ある実体と他の実体の結合（属性）を原因として、第三の実体との分離（属性）を結果とする。運動も四元素と思考器官にのみある。言い換えれば、運動可能な実体は四元素からなる実体と思考器官のみである。

虚空・時間・方位・アートマンは遍在するから運動とは無縁である。虚空などと違って、アートマンは各個人に存在するから、単体ではあるが、多数ある。しかし、多数あるアートマンがそれぞれどうして遍在しうるのか、また、運動しないアートマンが、いかにして現世から来世へと輪廻転生するのかは、ヴァイシェーシカ学派に限らず、インド哲学の教理的難問として様々に議論されていくことになる。

第七のカテゴリー

さらに後代のヴァイシェーシカ学派は、「非存在」という第七のカテゴリーを付加して、四種を数え上げる。

例えば、壺を例にとると、壺が出来上がる前には、その構成因である二つの半球体（カパーラ）に壺の（1）「未生《みしょう》無」（発生以前の非存在）があり、壺が壊れてしまった後には、その破片に壺の（2）「已滅《いめつ》無」（消滅後の非存在）があると考えられる。それぞれ「（壺が）生じるだろう」「（壺が）滅した」という言語表現の原因である。

次に、（3）「畢竟《ひっきょう》無」（絶対的非存在）とは、ある特定の場に過去・現在・未来の三時にわたって何かが存在しないことであり、例えば、風が目に見えないのは、風に色の畢竟無があるからである。

最後に、（4）「交互無」（相互的非存在）とは、壺と布とは互いに別の存在であるから、壺には布の非存在、布には壺の非存在がある。「壺は布ではない」「布は壺ではない」という差異性をあらわす言語表現の原因と見なされる。

ここで注意しなければならないことは、これらの「非存在」もまた、観念の対象として、ことばの対象として、他のカテゴリーと同じように外界に実在するということである。非存在が他の存在から独立に実在するというヴァイシェーシカ学派の特異な主張は、非存在は存在の否定にすぎないという常識的な立場から厳しい批判にさらされるのであるが、彼らの範疇論的実在論の立場を徹底すれば当然導き出される論理的帰結であろう。

（三）因果論、そして宇宙論

ヴァイシェーシカ学派の自然哲学の目指すところは、以上のような存在のカテゴリーによっていかにして世界を合理的に説明するかにあった。その真骨頂は、現象的存在はすべて複数の原子から構成されるという原子論にある。開祖とされるカナーダ（別名、ウルーカ）の名前が「原子（カナ）を食べる者」とも理解される点からも、同派における原子論の重要性が容易にうかがえよう。既に述べたように、二個の原子が集まって二原子体を構成し、さらに二原子体が三個集まって三原子体を構成するというように、徐々に大きさを増していって、最終的に壺などの物質的存在から動植物に至るまでの粗大な物体が構成されるのである。

このようなヴァイシェーシカ学派の考えは「構成説」（積集説《しゃくじゅうせつ》）と呼ばれ、現象世界のすべては第一原因である「原質」から開展したものであるとするサーンキヤ学派の「開展説」（転変説《てんぺんせつ》）と好対照をなしている。因果論においても、両学派は正反対の立場をとることになる。サーンキヤ学派が全く新しい結果などありえず、結果はすべて潜在的にその原因に内在しているという「因中有果論《いんちゅううかろん》」をとったのに対して、ヴァイシェーシカ学派は結果はすべて新しく発生したものでなくてはならないという「因中無果論」を採用している。例えば、糸から布が構成される場合、構成要素としての糸と構成物としての布が全く異なる存在であるというのは、常識的には受け入れがたいが、結果としての「全体」は原因である「部分」と異なるというのが、彼らの部分と全体に対する基本的な立場である。布の一部分を隠しても、全体としての布の観念が形成されるから、全体は部分とは異なる存在であるという彼らの議論は、再びその実念論的傾向を明示するものである。

初期のヴァイシェーシカ学派も、ニヤーヤ学派も、世界の創造について特に論じることはなかったが、六世紀のカシミールの有力なニヤーヤ学者であったウッディヨータカラは、ヒンドゥー教シヴァ派のパーシュパタ派に属しており、世界を創造する主宰神（イーシュヴァラ）の存在を積極的に論証して、それ以後続く仏教徒との間の神の存在論証をめぐる長い論争の口火を切った。その影響であろうか、ヴァイシェーシカ学派のなかでも六世紀後半にあらわれたプラシャスタパーダは、『諸原理の性質の綱要』（パダールタ・ダルマ・サングラハ）のなかで、全世界の主である大主宰神（マヘーシュヴァラ）の意志のもとに、原子状態にある四元素の集合から世界が創造され、その消滅に際しては再び原子状態に帰滅するという宇宙論を展開している。

世界の創造に際しては、マヘーシュヴァラの願いに従って、虚空のなかに風の原子から次第に風の集まりが生じ、そのなかに水の原子から大いなる水たまりが生じ、さらにその上に地の原子から大地が生じるというプロセスは、原子論は別として、初期仏教徒の空輪・風輪・水輪・金輪《こんりん》という考えに酷似している。水たまりには、さらに火の集まりが生じる。さらに一種の宇宙卵が生じ、そこから世界の実質的な創造者であるブラフマー神（梵天）が生じる。彼がプラジャーパティやマヌ（人類の始祖）を初めとする神々や人間、さらに口と腕と股《もも》と足とからそれぞれバラモン・クシャトリヤ・ヴァイシュヤ・シュードラの四姓を創るなど、様々なものを創造するのである。
ブラフマー神の計算による一〇〇年（人間の計算では、一五、五五二×一〇の九乗年）が経過すると、この神にも「解脱」の時が来る。そのときマヘーシュヴァラ神は、輪廻に疲れはてた一切の生類に夜の休息を与えるために、彼らを回収しようという願いを抱く。地・水・火・風の集まりを初めとしてすべてのものが原子状態に離散し、次の創造の時が来るまで、そのまま長期間存続するのである。ここには、再び形を変えたヴェーダ神話の復活が見られる。

(四) 解脱論

三たび『ニヤーヤ・スートラ』の冒頭に戻ると、「知識手段」「知識の対象」など十六原理の「真理の認識によって、至福の達成がある」（一・一・二）と言う。「至福」とは、輪廻からの解脱のことであり、次のスートラは、解脱への具体的なプロセスを説く。

苦・生存・活動・欠陥・誤った認識が、あとのものから順に消滅するとき、それぞれの直前のものが消滅して、（最後に）解脱がある。（一・一・二）

ヴァーツヤーヤナの『注解』によると、先に挙げたアートマンから解脱までの十二種の知識の対象に関して、「アートマンは存在しない」など多種多様の「誤った認識」が生じるとき、人間には貪欲《どんよく》・嫌悪・妬《ねた》み・嫉《そね》み・欺《あざむ》き・貪《むさぼ》り等の「欠陥」が生じる。

欠陥のある人は、殺害・偸盗《ちゅうとう》・不倫の淫事という身体的「活動」、虚言・粗暴な語・刺のある語・脈絡のない語という言語的活動、他人に対する害意・他人の財貨を得たいという欲望・虚無的な思想を抱くという心的活動を行う。このような悪性の活動は罪過をもたらす。

一方、功徳をもたらす善い活動としては、布施・保護・奉仕を行うという身体的活動、真実な語・ためになる語・愛情のある語・聖典の読誦《どくじゅ》という言語的活動、他人に対する同情心・他人の財を切望しない心・信仰心をもつという心的活動がある。

罪過を積み重ねると、地獄・餓鬼・畜生という悪の境遇へ転生し、功徳を積むと人・天という善の境遇へ転生する。

その新たな「生存」は、身体・感覚器官・意識などの集合体として特徴づけられる。生存があれば、困苦・痛苦・苦難という「苦」があるのである。

以上が、ニヤーヤ学派の輪廻観である。「誤った認識」から「苦」に至るプロセスは、「無明《むみょう》（＝人間存在に対する根本的無知）を縁として諸行があり、諸行を縁として識《しき》があり、

（中略）生《しょう》を縁として老死があり、愁・悲・苦・憂・悩がある」（中部経典第一一五経、多界経）という仏教徒の十二縁起説の順観と極めて似ている。

　また、十六原理の真理の認識、より正確には、そのなかのアートマンなど十二種の「知識の対象」に関する真理の認識によって「誤った認識」が消滅するとき、「欠陥」がなくなり、欠陥がなくなれば「活動」がなくなり、活動がなくなれば「生存」がなくなり、生存がなくなれば「苦」が消滅し、苦が消滅するとき「解脱」する、という考えは、「無明の止滅により諸行が止滅し、諸行の止滅により識が止滅し、（中略）生の止滅により老死が止滅し、愁・悲・苦・憂・悩が止滅する（＝輪廻からの解脱）」という十二縁起説の逆観と対応している。

　ところで、ヴァーツヤーヤナは、定句一・一・一の『注解』において、この定句二に関連して、「苦、その原因、その滅、それに至る道」という仏教徒の四諦《したい》説をモデルとした、「人生の目的を達成するための四つの依りどころ」に言及している。

　捨てられるべきもの（苦）とその原因（根本的には、「知識の対象」に対する誤った認識）、完全な（苦の）棄却（「知識の対象」の真理の認識）、その（苦の棄却のための）手段（ニヤーヤの教説）、到達されるべきもの（解脱）という、これらの（人生の）目的（を達成するため）の四つの依りどころを正しく理解するとき、人は至福に到達する（というのがその定句の趣旨である）。（服部訳、三三六頁）

一方、真理の認識によって解脱するという思考は、サーンキヤ学派が二十五原理（＝精神原理・原質・理性・自我意識・思考器官・五感覚器官・五行為器官・五素粒子・五元素）の考察に習熟することによって、誤った認識をなくし、清らかな純粋知が生じるとき、現象世界を創造してきた原質が活動を停止し、精神原理が究極的な独存、すなわち解脱に達するという考えと、輪廻や解脱に対する個々の見解は違うものの、基本的な発想を共有していると言えよう。

三学派における輪廻観・解脱観の類似性は、既に述べたように、ウパニシャッドの提示した「業報・輪廻」という新たな神話に、仏教を含めたインド哲学の諸派が等しく対応しなければならなかったという歴史的な事情を考慮すれば、容易に理解されるであろう。古代インドの哲学派のなかで、これら三学派は、祭祀の施行などの呪術的な仕方ではなく、人間と世界構造の理性的な把握によって輪廻を克服するという姿勢を共有していたと言える。

（五）論理学

以上によって、フラウワルナーの言うところのインド哲学の体系的構造のうち、ニヤーヤ学派は独自の認識論と解脱論を備えていたが、存在論と宇宙論に関してはヴァイシェーシカ学派に依存するところが大きかったことを示したつもりである。ところで、これまでのところニヤーヤ学派の十六原理のうち、わずかに「知識手段」と「知識の対象」に言及したのみである。残りの十四原理は、すべて論理学プロパーに属する問答法や論証法に関する諸原理である。

ここで、そもそもニヤーヤ学派自身が「ニヤーヤ」という語をどのように理解していたかを見ておこう。ヴァーツヤーヤナ（服部訳、三三七頁）は、「ニヤーヤ」を定義して「知識手段による対象の考察」「知覚と証言にもとづく推理」であると言う。それは「知覚と証言によって考察されたものを、後に考察する」という意味で「追察」（アンヴィークシャー）と呼ばれる。したがって、ニヤーヤ学派にとって『実利論』に言及される「アーンヴィークシキー」（論理的追求）とは、「ニヤーヤ学」や「ニヤーヤ学説体系」に他ならない。ニヤーヤ学派は、自らの学的伝統をヴェーダ学・政治学・経済学とは一線を画する「論理的追求の学」であると意識しているのである。

「ニヤーヤ学」の目指すところは、アートマンを初めとする対象の正しい認識であり、その結果としての解脱である。したがって、「ニヤーヤ」を「論理学」あるいは「論証法」と理解するなら、マティラルが最後に言ったように、インド人の論理学はまさしく「目的志向型」である。「苦」の棄却による「解脱」の達成という人生の究極的目的にとって、論理学が最も有効であるということこそ、ニヤーヤ学派の主張である。一方、マティラルが西洋論理学を「プロセス志向型」と呼んだのも正当化されるであろう。ギリシャ以来の西洋の論理学の伝統においては、論証によって導き出される帰結の真偽よりも論証そのものの妥当性・健全性が重視され、現実の論証よりも論証の形式が研究対象とされてきたからである。

ヴァーツヤーヤナ（服部訳、三三九頁）は、さらに、提案・理由・喩例《ゆれい》・適用・結論の五つの支分からなる論証法を「すぐれたニヤーヤ」と呼び、これこそが討論の基本的手段であり、真理の確定もこれにもとづくと明言している。五支論証法こそニヤーヤ学派の論理学の真髄であるということになる。ヴァーツヤーヤナは、例えば、五支からなる論証式として以下のようなものを挙げている。

提案「語は非恒久的である」

理由「発生するものであるから」
喩例「発生するものである皿などの実体は非恒久的である」
適用「語も同様に発生するものである」
結論「ゆえに、発生するものであるから、語は非恒久的である」（服部訳、三七七頁）

疑いと動機

「知識手段」と「知識の対象」以外の十四原理は、すべてこのような論証法とそれを用いて行う討論に関するものである。そのうち、「疑い」と「動機」は論証の予備過程に当たる。「知覚されない対象、すでに確定された対象については、論証はおこらず、疑われた対象について論証はおこるのである」とヴァーツヤーヤナ（服部訳、三三六頁）が言うように、「疑い」は論証が開始されるための第一条件である。疑いが生じる五つの場合が考慮されている。

（一）二つの相異なるものの間の共通性のゆえに、例えば、ある太さをもったものが遠くに直立しているのを見て、「あれは杭か、人間か」という疑いが生じる。
（二）同一の対象に多数の性質が認められるとき、疑いが生じる。
（三）同一の対象に関して、例えば、「アートマンは存在する」「アートマンは存在しない」

という相反する見解がある場合、疑いが生じる。

（四）例えば、陽炎《かげろう》を水と誤認する場合があるから、何かが知覚されても「存在するものが知覚されているのか、存在しないものが知覚されているのか」という疑いが生じる。

（五）例えば、目に見えなくても、草木の根毛には水が含まれているから、何かが知覚されていなくても「存在するけれど知覚されないのか、存在しないから知覚されないのか」という疑いが生じる。

すべての人間の活動にはそれを促す「動機」があると考えられる。論証も人間の活動である限り動機づけがなければならない。論証の最終的な目標は、「真理の確定」である。

実例と定説

次の二つの原理「実例」と「定説」は論証のための資料となるものである。実例は『ニヤーヤ・スートラ』では、次のように定義される。

「実例」とは、普通の人と学者とがそのことに関しては理解を同じくするようなもの

である。(一・一・二五)

ほとんど同文の定義が『チャラカ・サンヒター』に見られ、「熱い火」「流れる水」「堅い地」「輝く太陽」などの実例が挙げられている。既に述べたように、ニヤーヤ学派の論証は、この世間一般の人も学者も等しく認める実例にもとづく類比的推理である。実例は、先に挙げた五支からなる論証式において「喩例支」で、「皿など」として言及されている。皿などが粘土などの質料因から発生し、かつ非恒久的であることは誰もが認めるところであるから、当該の論証のための資料・根拠となりうるのである。実例は、世間一般が認める常識に他ならない。

次に、「定説」は「これはしかじかである」(X is A)という形で学者の間で承認されている一種の命題である。学者の間で、この定説に相違があるとき、討論がおこり、論証の必要が生じる。この意味で、定説は論証の資料となるのである。定説には四種ある。

(一) まず、「すべての学派に共通の学説」がある。例えば、「鼻は感覚器官である」「香はその対象である」「地は元素である」などという命題は、インド哲学各派に等しく承認されるところである。

(二) 特定の学派にのみ承認される「個別的学説」がある。例えば、「非存在は発生しない」「存在するものは消滅しない」などの命題は、サーンキヤ学派のみが認めるところであり、「非存在であったものが発生する」「生じたものは滅する」などの命題はヴァイシェーシカ学派に固有の学説である。

（三）ある学説体系のなかで、ある命題が成り立てば、他の事柄も付随して成り立つような「包括的論拠となる定説」がある。例えば、「身体・感覚器官とは別の、知識主体（アートマン）が存在する。視覚器官と触覚器官とによって同一物を捉えるから」（『ニヤーヤ・スートラ』三・一・二）が成立すると、「感覚器官は多種である」「感覚器官はそれぞれ特定の対象をもつ」など複数の命題が付随して成立するのである。

（四）最後に、まだよく吟味していないことを暫定的に承認したうえで、その詳細を吟味する「暫定的認容の定説」がある。例えば、ヴァイシェーシカ学派の存在論では、実体ではなくて属性の一つである音について、「音は実体である」ということをひとまず認めたうえで、「実体であるとすれば、音は恒久的であろうか、非恒久的であろうか」とその詳細を吟味する場合である。

すべての学派に共通の定説に関しては、議論の余地はなく、論証の必要もない。その他の定説は学派間の論争や学派内の討論の対象となるものである。第四の定説は、右の例では自己の承認する学説に反する命題を仮に承認するような場合に限定されるようであるが、のちの注釈者ウッディヨータカラは、根本聖典に言及されていなくても学説体系内で承認しうる命題を「暫定的認容の定説」と見なしている。語本来の意味からすると、他学派の学説を取りあげて批判する場合にせよ、自派において未確立の学説を証明する場合にせよ、この暫定的認容の定説が論証の主題となるはずである。

ニヤーヤ学派の十六原理では、ここに、先に簡単に紹介した論証式を構成する五つの「支分」が来る。これこそニヤーヤ学派の論理学の中核であるが、その詳細は本書第五章で紹介する。

吟味と確定

「吟味」（タルカ）は、一種の帰謬法による間接論証である。例えば、アートマンについて知りたいと思う人は、それはいったい、「発生するものか」「発生しないものか」という疑いをもつ。そこで、次のように熟考する。

（一）もしもアートマンが発生しないもの（＝恒久的なもの）であるとすれば、それは過去世において自分がなした行為の結果を現世において経験するし、誤った認識から苦に至るまでの諸項目を次々と消滅させることによって解脱する。

（二）しかし、もしもアートマンが発生するもの（＝非恒久的なもの）であるとすれば、輪廻転生や解脱を説明することができなくなる。

このような熟考の結果、「アートマンは発生しないもの、すなわち、恒久的なものである」というニヤーヤ学派にとって正しい結論に到達するのである。このような思考過程は、「ＰであるかＰでないかのいずれかである。

Ｐでないならば、真実が帰結し、

Ｐであれば、虚偽が帰結する。

したがってＰではない」

という形式的にも極めて妥当な論証である。

インド論理学は、伝統的に帰謬法に独立した知識手段（プラマーナ）の地位を与えていない。帰謬法は、知識手段を補助することによって真理の認識に役立つものであるが、それ自体は真理の認識であるとは考えられなかったからである。「実例」に象徴されるような経験的知識にもとづく「目的志向型」のインド論理学において、たとえ対論者を論破するためとはいえ、事実や学説に反する仮定から、事実や学説に反する結論を導き出す帰謬法は、正当に評価されなかったのであろう。また、仏教徒のナーガールジュナ（龍樹）が、帰謬論法を駆使して、ニヤーヤ学派を初めとするインド論理学を徹底的に批判したことも影響しているに違いない。ナーガールジュナとニヤーヤ学派の論争については、本書第四章で詳しく述べよう。

「確定」は知識手段の結果としての真理の認識であり、ここに至って討論は終結するのである。

以上七つの原理をもう一度振り返ってみると、インド論理学が哲学的討論や問答法の伝統に由来していることは明らかである。

（1）まず最初に「アートマンは存在するか、否か」というような「疑い」があり、
（2）いずれが正しいか確定しようという「動機」が生じる。
（3）実際に論証を行う前に、世間一般に存在するものとして認められている「実例」と
（4）アートマンや存在に関する諸学派の様々な「定説」を集めて、論証の資料とする。
（5）それらの定説のなかから、例えば「アートマンは存在する」という命題を、五つの「支分」からなる論証式によって直接的に論証する。
（6）あるいは、一種の帰謬法である「吟味」によって間接的に論証する。
（7）その結果、アートマンが存在することを「確定」することができるのである。

ニヤーヤ学派の十六原理のうち、残りの七原理は、まさしく問答法に関わるものばかりである。「論議」「論諍」「論詰」は三種の討論形式である。「疑似的理由」は五支論証における誤謬であるが、本来は最後に挙げられる「敗北の立場」の一部であった。最後に「詭弁」「誤った論難」「敗北の立場」は討論における過失である。これら七つの原理については、インドにおける問答法の発展を扱う次章で詳しく説明することになる。

インド論理学の領域

以上寸描したようなニヤーヤ学派の学説体系をインド論理学の一つのモデルと考えるならば、広義のインド論理学は「認識論」「存在論」「宇宙論」そして「解脱論」をもその探求の視野に入れていると言わなければならない。

「ニヤーヤ」が「推理」(アヌマーナ)と等置されることから、認識論、特に推理論のもつ重要性が容易に想像される。もちろん「論理学」プロパーこそがニヤーヤの学説体系の主要部分である。そして、この狭義のインド論理学は古くからの討論・問答の伝統にその起源を遡ることができる。ニヤーヤ学派が成立する頃には、インド哲学の諸学派は、『チャラカ・サンヒター』や『方便心論』などに見られるように、ほぼ同じような問答法のマニュアルを保持していたと想像される。ある程度共通の討論の規則がなければ学派間の論争において勝敗を決めることはできなかったからである。ニヤーヤ学派とは、そのような問答法の伝統が学派として形を整えたものとも言えよう。

かつてマティラルが喝破したように、インド論理学は、何が確実な認識手段（プラマーナ）かという認識論と、いかにして論議（ヴァーダ）において勝利するかという問答法との二つの伝統に根ざしており、これら二つの伝統が結びつくことによって形成されたものである。主として認識論の伝統をになったのは、サーンキヤ、ヴァイシェーシカ両学派である。初期のニヤーヤ学派では、未だ問答法の体系のなかに認識論を整合的に組み入れることに成功していない。

二つの伝統を組織的に結合することに成功したのは、五世紀末から六世紀にかけて活躍した仏教論理学者のディグナーガ（陳那）である。彼の晩年の主著『プラマーナ・サムッチャヤ』（集量論）は、次の六章から構成される。

第一章　知覚論　　第二章　推理論　　第三章　論証論
第四章　喩例論　　第五章　アポーハ論　　第六章　誤難論

ディグナーガは、確実な知識手段として、ヴァイシェーシカのように、知覚と推理の二つしか認めない。彼は、遠くの山に立ち昇る煙を見て、その下に火の存在を推理するような心理的プロセスを「自己のための推理」と名付け、

「あの山には火がある。
煙があるから。
竈《かまど》の場合のように」

などと論証式を用いて他人を説得しようとする場合を「他者のための推理」と名付けた。『プラマーナ・サムッチャヤ』の第二章「推理論」は前者を主題とし、第三〜第四章は「主張」「理由」「喩例」の三支からなる後者を詳細に論じている。このように論証が推理の言語的な表出であることを明確に規定することによって、ディグナーガは問答法の伝統の最大の成果であった論証式による証明を、インド認識論の枠組みのなかに有機的に組み込むことに成功したのであった。

『プラマーナ・サムッチャヤ』第五章のアポーハ論は、ことばによる認識が本質的には概念的認識であることを手がかりとして、ニヤーヤ学派などで認められている「証言」という知識手段が推理の変形にしかすぎないことを論証しようとしている。そして、推理知にせよ、言語知にせよ、概念的認識の本質は、知覚のように外界の実在を肯定的・全面的に把握することではなくて、「他者の否定」（アポーハ）であるという独創的な理論を提示

している。

アポーハ論によれば、例えば、「牛」という概念知は、たとえ目の前に牛がいても、その個物としての牛に直接関わるものではなくて、牛以外の「他者」、すなわち象・馬・犬などではないという「否定」を介して概念的に構成される抽象的な観念としての「牛」を対象とすると考えられる。言い換えれば、「牛」ということばの対象となる「牛一般」は、概念的な構成物にすぎないということにもなる。これは既に紹介したヴァイシェーシカ学派などの普遍実在論と真っ向から対立する考えであり、六世紀以降仏教徒と他のインド哲学諸派の間に、中世ヨーロッパの唯名《ゆいめい》論と実念論のような普遍論争が展開されていくのであった。文法学者バルトリハリの強い影響の下にあったディグナーガのアポーハ論は、各語の指示対象は何かという意味論的性格が強いが、彼の最大の後継者であったダルマキールティにおいては、アポーハ論は概念がいかにして形成され、どのように機能するかという一種の概念論へと変貌していったのである。

最後に『プラマーナ・サムッチャヤ』第六章は、ニヤーヤ学派の十六原理の一つであり、問答法の伝統的なカテゴリーである「誤った論難」を十四種とりあげ、その一つ一つがディグナーガの「新しい論理学」の体系中で処理しうることを明示している。問答法の残滓を認識論的論理学の体系のなかに解消したと言えよう。

以上簡単に紹介したディグナーガの論理学の登場によって、インド論理学の領域は、従来の認識論・存在論・論理学に加えて、新たに意味論や概念論がつけ加えられたと言える。ここでディグナーガが存在論を全く論じないのは、重要である。彼の論理学の前提となる「話の世界」（論議空間）は、ヴァイシェーシカ学派のカテゴリー論に似た普遍と特殊のヒエラルキーによって構成されている。この意味で、ディグナーガは仏教徒だけではなく、いかなるインド哲学派にも開かれた、教義的立場から中立の論理学の構築を目指していたと言える。それゆえに、ディグナーガは学派の枠を超えてインドの論理学者に広く影響を与え得たのであった。しかし、このような傾向はダルマキールティなど次世代の仏教論理学者には受け継がれず、存在とは何かという問いは、仏教論理学の重要な課題となっていったのである。

インドにおける論理学の地位

『実利論』において、「一切の学問の灯明、一切の行動の手段、一切の法の依り所」とたたえられた「論理的追求」（アーンヴィークシキー）を専らとする論理学者たちは、インドにおいてどのように評価されていたのであろうか。

ヒンドゥー教世界の社会規範・行動準則に関して最も権威のある『マヌ法典』は、紀元

前二世紀から後二世紀にかけて編纂されたと考えられるが、

「論理学（ヘートゥ・シャーストラ）にもとづいてヴェーダ聖典などの天啓書（シュルティ）やマヌなどの聖伝書（スムリティ）を蔑《ないがし》ろにするバラモンは、不信仰者、ヴェーダの誹謗者として排除されるべきだ」（二・一一）

と言う。一方、「庶民のヴェーダ」とも呼ばれた、インド二大叙事詩の一つ『マハー・バーラタ』（一二・一八〇・四五以下）は、

「無意味な論理的探求の学に没頭し、学問を鼻にかけた論理学著は、ヴェーダを非難する者であり、一切を疑う虚無論者である」

などと言う。学者たちの間でも、バルトリハリやシャンカラなどは、聖典の権威を無視した単なる論理的探求を「無味乾燥の論理」と呼んでいる。

本来、伝統的バラモン教の世界において最も権威があったのは、言うまでもなくヴェーダ聖典である。そのような精神風土において、論理学はヴェーダ聖典およびそれが描き出すインド神話の世界に疑義を呈する挑戦として強く警戒されたに違いない。右の逸話はそのような警戒心の反映であろう。

ニヤーヤ学派が伝統的なバラモン教学のなかに場所を見いだしえたのは、ヴェーダの権威を受け入れた結果である。『マヌ法典』（一二・一一一、渡瀬信之訳、中公文庫、一九九一

年、四二〇頁）が、人間の正しい生き方（ダルマ）を決定する十人のバラモンのなかに挙げる「論理に長ける者」「推論に長ける者」とは、そのような論理学者たちであろう。

古代インド社会において論理学の地位は決して高かったとは言えない。けれども、学者は議論を好む者である。古代インドの学者も例外ではない。彼らがどのように議論をしたか、次章で詳しく見てみよう。

第三章　インドにおける討論の伝統

転法輪印仏陀坐像、５世紀末。

トロントの冬は寒い。華氏零下十五度の凍てつくような寒さのなかでマルヴァニア先生と一緒に、シャルマ先生がアパートから出てくるのを待っている。これから三人で学科長のワーダー教授のお宅に週末のお呼ばれに行くところである。

マルヴァニア先生は、当時インドのアーメダバードにあるインド学研究所の所長であり、ダルマキールティの難解な仏教論理学書の梵語原典を校訂出版したばかりであった。毎週一度、一対一でダルマキールティの認識論の原典を指導していただいた。その刊本は、社会主義者として、ヒンディー文学の作家として、そしてもちろん仏教学者として、世界を駆けめぐり、数奇な人生を送ったラーフラ・サーンクリティヤーヤナが、自らチベットの僧院で撮影した写本から、第二次大戦直前に校訂出版したものであった。ところが、盲目の大学者スクラジ・サンガヴィのもとで修練を積んだマルヴァニア先生の手に掛かると、これが眼光紙背を貫くというのであろう、刊本の後ろに常に写本を想定して、ラーフラ先生の読み方を次々と修正しながら、読み進んだ。仏教論理学の学生にとって、まことに至福のひとときであった。

さて、アパートの玄関で待っている間に、タバコに火を付けようとすると、マルヴァニア先生から「どうしてタバコなんか吸うのだ。おまえもインド論理学を勉強しているなら、喫煙を正当化する論証式をこの場で言ってみろ」と言われたものである。半分冗談とは知りつつ、「タバコを吸うか、吸わないかは、本人の嗜好の問題です。論証できません」と降参するしかなかった。

今でもときどき、日本人は議論が下手だ、議論の仕方を知らない、大学の新入生にはディベートを教えようなどと言われることがある。そもそも日本語は非論理的な言語だと大真面目に言う識者もいる。しかし、一方で、二十世紀末の日本を震撼させた新宗教の、ディベートの技術をマスターしたとされる紅顔のスポークスマンが、テレビのトークショーで弁舌鮮やかに難局を切り抜けようとするのを見て、多くの視聴者はその雄弁に感心しつつも、ちょっと胡散《うさん》臭いと反発を感じたものである。言語に論理的も非論理的もないと思うが、日本人の議論下手はカナダ留学中しょっちゅう自覚させられた。

トロントはちょっとしたジャズ・シティで、当時活躍中の、ミュージシャンが次々と演奏にやってきたものである。日本のように大ホールで公演するのではなくて、下町の小さなタバーンの狭い舞台で、はんのわずかのカバー・チャージを払った酔客を相手に演奏するのであった。一度、セルジオ・メンデスかキャノンボール・アダレーのグループがそんな小さな飲み屋で演奏するのを聴いたが、大変な騒音でちょっと気の毒だった。もっともデイブ・ブルーベックが息子のロックグループと一緒に回ってきたときは、大きなホールだった記憶がある。なかでもトロント出身のオスカー・ピーターソンは、毎年必ず一度は自分のトリオを率いてやってきていた。演奏の合間に知人縁者と親しげに話すオスカーの姿は、自分の故郷を大事にする彼の人柄をよく示していた。

さて、マッシー・カレッジの仲間でオスカー・ピーターソン・トリオを聴きに行ったときであったか、演奏の合間につまらぬ話題で活発に議論しているとき、イギリスから比較文学の研究のため留学してきていた、あの哲学者ホワイトヘッドの孫だという、オリヴァーから言われたことがある。「おまえは、いつも結論しか言わないぞ。日本人は議論するとき理由を言わないのか」。理由はあるけど、うまく英語で話せないんだよ、と言いたかったが、だまって「不可解な東洋の笑み」(Inscrutable Oriental Smile)を浮かべてごまかすしかなかった。今なら付かない理由でも付けてみせるのだけれど。その後、オリヴァー・ホワイトヘッドはイギリスには戻らず、ジャズ・ミュージシャンとして自分のバンドをもってカナダで活躍しているそうである。

マルヴァニア先生に説得されたわけでもないが、六年後に学位を取って帰国するとき、大学新入生の五月祭のときに覚えて以来十二年間続いた喫煙の習慣をキッパリ止めてしまった。確かその頃から、北米ではタバコの箱に「これを吸うと健康に良くない」という警告文が付けられるようになっていた。

ウパニシャッドの神学的対話

インド人の議論好き、そして議論上手は、今に始まったことではない。ヴェーダ神話に代わって、業報・輪廻という新たな神話をインド人に提示したウパニシャッドは、同時に「梵我一如」というインド独特の神秘主義的哲学の出発点でもあったが、さらに輪廻や解脱、世界や自己に関わる様々な形而上学的問題に関して、学者たちの間で交わされた論争、師匠と弟子の間の対話を多数記録している。

既に述べたようにマティラルはインド論理学に認識論の伝統と問答法の伝統という二つの流れがあったことを指摘したが、インドにおける問答法の伝統は、祭りのときに聴衆の前で懸賞をかけて行われた討論に起源を発する。それは対論者の威信と名声をかけた論争であり、敗北すれば相手に弟子の礼をとることが求められ、自分の答えられる能力を超えて質問すると後に見るように「頭頂が破裂する」ことになる命がけのものであった。そのような論争はウパニシャッドに先行するブラーフマナ文献にしばしば見られ、『リグ・ヴェーダ』（一・一六四）の「謎の歌」にまで淵源を求めることができる。

最古層のウパニシャッドが形成された紀元前七〜前六世紀の北インドでは、クシャトリヤ階級による支配体制が確立し、後に初期仏典のなかで「十六大国」と呼ばれる古代王制国家が徐々に形成されつつあったと考えられる。王たちのなかには、学識と教養に富み、哲学的議論が大好きなものがいたようである。ヴィデーハ国のジャナカ王、パンチャーラ国のプラヴァーハナ王、カーシー国のアジャータシャトル王などの名前が知られている。なかでも、ジャナカ王は宮廷に多数のバラモンを呼び集めて、懸賞をかけた公開討論会を催したとされる。初期ウパニシャッドの雄編『ブリハッド・アーラニヤカ・ウパニシャッド』（第三章第一節、服部正明訳『世界の名著1　バラモン教典・原始仏典』）は、「ブラフモーディヤ」（神学的知識をめぐる討論）と呼ばれる、バラモン・学者の間の討論、一種の「謎かけ」問答を伝えている。

ヴィデーハ国の王ジャナカは、（祭官に）多大の布施をする祭祀を行なった。そこにはクル族・パンチャーラ族の婆羅門《ばらもん》たちが集まってきていた。彼ヴィデーハ国王ジャナカには、ここにいる婆羅門たちのなかで、はたしてだれが最もヴェーダに通暁しているかを知りたい気持ちがおこった。彼は千頭の牛を囲いのなかに入れた。それぞれの牛の両方の角には、十パーダずつ（の黄金）が結びつけてあった。

彼は婆羅門たちにいった。「とうとい婆羅門がた。あなたがたのなかで最もすぐれた婆羅門が、これらの牛を連れて行かれるがよい」

彼ら婆羅門たちはあえて名のり出ようとはしなかった。すると、ヤージュニャヴァルキヤが、自分の弟子にいった。「おまえ、サーマシラヴァス、これらの牛を連れて行け」

弟子は牛どもを駆り出した。彼ら婆羅門たちは、「どうして彼は、自分がわれわれのなかで最もすぐれた婆羅門であるといえるのだ」と憤慨した。

そのとき、アシヴァラがヴィデーハ国王ジャナカのホートリ祭官であった。彼はヤージュニャヴァルキヤにたずねた。「あなたは、ほんとうに、われわれのなかで最もすぐれた婆羅門なのですか、ヤージュニャヴァルキヤ殿」

「われわれは最もすぐれた婆羅門には敬意を表します。われわれはただ牛が欲しいのですよ」とヤージュニャヴァルキヤはいった。（服部訳、五九〜六〇頁）

ヤージュニャヴァルキヤは、彼の師であるウッダーラカ・アールニと並び称される、初期ウパニシャッドの代表的な哲学者である。万有の根源を有と規定する、師の実在論的な傾向に対して、ヤージュニャヴァルキヤは「見ることの背後にある見る主体」にして「叡知の塊」であるアートマン、「非《あら》ず、非ず」(neti neti) としか表しようがないアートマンから、世界は生み出されるという観念論的な思想を展開したとされる。だれが一番優れたバラモンか知らないが、自分はただ懸賞が欲しいだけだという彼のことばは、単に難解なことばを操る哲学者ではなく、ユーモアを解する彼の人間性をよく表している。

並みいるバラモンたちは、もちろん黙っていない。討論もせずに懸賞を持ち帰ろうとするヤージュニャヴァルキヤに、まずホートリ祭官アシヴァラが「解脱とその到達」に関する問答をしかける。

第一の問答

「ヤージュニャヴァルキヤ殿。この世にあるすべては死に捕捉されている。すべては死に圧迫されている。祭主は、何によって死の捕捉のかなたに解放されるのか」

「ホートリ祭官によって。火神《アグニ》によって。ことばによって。――祭祀のホートリ祭官は、実に、ことばである。このことばはこの火神であり、それはホートリ祭官である。

それが解脱、（死の）かなたにこえる解脱である」（服部訳、六〇頁）

ウパニシャッドの思想の中核をなす「神秘的同一化の原理」（アーデーシャ）によれば、大宇宙に当たる自然界の諸要素と小宇宙と考えられる人間の諸機能、さらに、祭儀の諸構成要素との間に一対一の対応関係があるとされる。ここでヤージュニャヴァルキヤは、ヴェーダ祭式を司る四種の祭官のうち、神を祭場に勧請し、讃歌を誦して神の威徳をたたえる「ホートリ祭官」を、人間の諸機能のうちの「ことば」と等置し、ことばを自然界の諸要素のうち「火（神）」と等置している。ホートリ祭官＝ことば＝火神という神秘的直観にもとづいて正しく実施される祭祀は、祭主を天上界へ導き、大宇宙と合一させ、解脱させるというのが、ヤージュニャヴァルキヤの真意であろう。

以下、次々と繰り出されるアシヴァラの問いに答えて、ヤージュニャヴァルキヤは、「アドヴァリユ祭官＝目＝太陽」「ウドガートリ祭官＝気息（プラーナ）＝風神（ヴァーユ）」「ブラフマン祭官＝思考力（マナス）＝月」という神秘主義的等置を指摘して答える。さらに、彼が祭祀における讃誦（リチ）や供物に関する質問に次々と答えると、アシヴァラは沈黙してしまう。言うまでもなく、討論では沈黙した方が負けである。

第二の問答

次に、ジャーラットカーラヴァ・アールタバーガが、人間のもつ諸機能（＝「把捉者」）とそれをさらに捉える「超把捉者」とは何かと問うのに対して、ヤージュニャヴァルキヤは、鼻と香、ことばと名称、舌と味、目と形、耳と音、思考力と欲望、手と動作、皮膚と触感という八種の把捉者と超把捉者によって答える。次に、「死」が問題となり、アールタバーガは問う。

「ヤージュニャヴァルキヤ殿。この世の人間が死んで、そのことばは火に、気息は風に、眼は太陽に、思考力は月に、耳は方位に、身体は地に、霊魂《アートマン》は虚空に、毛は草に、髪は木に帰入し、血液と精液は水中におかれるとき、この人間はどうなるのか」

「きみ、わたしの手をとりたまえ、アールタバーガ殿。われわれふたりだけでこのことを論じよう。これをわれわれは人なかで論ずべきではない」

彼らふたりはその場を去って、論じあった。彼らが語ったことは、——まさしく「業《ごう》」について彼らは語ったのであった。彼らがたたえたことは、——まさしく「業」を彼らはたたえたのであった。実に、善行によって人は善くなり、悪行によって悪くなるのである。

こうして、ジャーラットカーラヴァ・アールタバーガは沈黙してしまった。(服部訳、六四~六五頁)

業の思想がまだバラモンの間ではよく知られていない新しい思想であったことを窺わせる対話である。ちなみに、初期ウパニシャッドのもう一つの雄編『チャーンドーギヤ・ウパニシャッド』(第五章第三節、前掲書所収服部訳、一〇七頁以下)では、クシャトリヤであるプラヴァーハナ王が、ウッダーラカ・アールニの子シヴェータケートゥに「二道五火説」と呼ばれる最初期の輪廻説を教えるにあたり、これはかつてバラモン階級に伝わったことはなく、クシャトリヤ階級だけの秘密の教えだと断言している。ただし、最近のインド祭式の研究者によっては、輪廻転生の考えは、むしろ正統的な祭式思想のうちに育まれたものと見る方がより適切だと考えられている。

問答の継続

引き続き三人のバラモンが、輪廻とその克服について、ブラフマン(梵)とアートマン(我)について、問いを発するが、ヤージュニャヴァルキヤの明快な答えにいずれも最後は沈黙してしまう。

そこで、ガールギー・ヴァーチャクナヴィーという名の女性バラモンが登場して、この世を支える基盤は何かと問う。ヤージュニャヴァルキヤの答えは、まず水であるが、さらに水は風の上にあり、風は空界の、空界はガンダルヴァ（ソーマを守る天空の楽人）の世界の、ガンダルヴァの世界は太陽の世界の、太陽の世界は月の世界の、月の世界は星の世界の、星の世界は神々の世界の、神々の世界はインドラ（神々の王、帝釈天）の世界の、インドラの世界は造物主（プラジャーパティ）の世界の、造物主の世界はブラフマンの世界の上にあると、次々とより基礎的な世界を挙げていく。

最後にガールギーが「それではブラフマンの世界は何の上に経緯《たてよこ》に連ねられているのでしょうか」と尋ねると、ヤージュニャヴァルキヤは自分の能力を超えて問いすぎると、頭頂が破裂してしまうから、問うのを止めなさいと諫める。そこでガールギーは沈黙する。

次に、師であるウッダーラカ・アールニが、「この世界とかなたの世界、ならびにすべての被造物をつないでいる糸《スートラ》」とそれの内部にあって制御している「内制者《アンタルヤーミン》」とがそれぞれ何であるか、ヤージュ ニャヴァルキヤが知っているかどうか問いただす。

ヤージュニャヴァルキヤは、その糸は「風」であると答える。さらに内制者については、まず地・水・火・空間・風・天・太陽・方位・月と星・虚空・闇・光という神格に関して、その内制者はいずれも「あなたのアートマンである」と答える。次に被造物に関しても、万物の内制者は同じく「あなたのアートマンである」と答える。最後に、個体に関して言う。以下は、「見ることの背後にある見る主体」という彼のアートマン観をよく表している。

「気息のなかにあって、気息とは異なるもの、気息はそれを知らず、それの身体が気息であるもの、気息をその内部にあって制御しているもの、それがあなたのアートマン、不死の内制者である。（以下、ことば・目・耳・思考力・皮膚・認識力・精液に関して同一の表現が繰り返される）

それは目に見えない視覚の主体、耳に聞こえない聴覚の主体、思考されない思考の主体、認識されない認識の主体である。それ以外に見る者はない。それ以外に聞く者はない。それ以外に思考する者はない。それ以外に認識する者はない。それがあなたのアートマン、不死の内制者である。これ以外のものは災いがある」

ここにいたって、ウッダーラカ・アールニは沈黙してしまった。（服部訳、七二頁）

ここで再びガールギーが登場し、空間と時間を支える基盤は何かと尋ねると、ヤージュニャヴァルキヤはそれは「虚空」であり、虚空の基盤は「不滅のもの」（アクシャラ）すなわちアートマンであると解説する。それを聞いてガールギーは、並みいるバラモンたちに向かって「神学的知識をめぐる討論」におけるヤージュニャヴァルキヤの勝利を宣言する。

最後の問答

最後の切り札としてヴィダグダ・シャーカリヤが登場する。まず「神々は幾柱あるか」と尋ねて、ヤージュニャヴァルキヤが「三千三百六柱」と伝承されているが、実は「三十三柱」と答えると、その三十三神、そして六神・三神・二神・一柱半の神・一神の説明を次々と要求する。

それにいちいち答えたヤージュニャヴァルキヤは、今度は「アートマンの帰趨」としての「人間」（プルシャ）について知っているかどうかシャーカリヤに尋ねる。すると、シャーカリヤは、肉身の人間（神格は不死）、愛欲に満ちた人間（神格は女）、太陽の中にいる人間（神格は真理）、耳の中にいる人間（神格は方位）、影でできた人間（神格は死）、鏡の中の人間（神格は生命）、水の中の人間（神格は水神）、息子でできた人間（神格は造物主）という八種の人間（プルシャ）を次々と解説して、ヤージュニャヴァルキヤから「シャーカリヤ殿、ここにおられる婆羅門がたは、あなたを火消し役になさったのか」ということばを引き出す。

勝ち誇ったシャーカリヤは、ヤージュニャヴァルキヤがどのような「神学的知識」（ブラフマン）をもっているかと問いただす。これに答えて、ヤージュニャヴァルキヤは「わたしは諸方位と（方位の）神々、ならびにその拠りどころを知っている」と答える。つまり、東の方位の神格は「太陽神」、太陽神の拠りどころは「目」、目の拠りどころは「形」、形の拠りどころは「心」、同様に、南の方位の神格は「死神」、その拠りどころは順次に「祭祀―布施―信仰―心」、西の方位の神格は水神、その拠りどころは順次に「水―精液―心」、北の方位の神格は月神、その拠りどころは順次に「潔斎―真実―心」である、とヤージュニャヴァルキヤは説く。シャーカリヤは、さらに問う。

「この天頂の方位には、あなたはだれを神格とされるか」
「火神を神格とする」
「火神は何を拠りどころとするか」
「ことばを」
「それではことばは何を拠りどころとするか」
「心を」
「それでは心は何を拠りどころとするか」

「たわけ者！」とヤージュニャヴァルキヤはいった。「それが、どこかわれわれ自身以外のところにあると考えるとは。それがもしわれわれ自身の外にあるとしたら、犬どもがそれを食ってしまうか、鳥どもがそれを引きちぎってしまうであろう」（服部訳、八一頁）

明らかにシャーカリヤは、自分の能力を超えて、質問しすぎている。それにも拘らず、「あなたとあなたのアートマンは何を拠りどころとしているのか」とシャーカリヤは問い続ける。ヤージュニャヴァルキヤは「プラーナ」など五種の気息をアートマンの拠りどころとして挙げた後、自身のアートマンに関する神学的知識を吐露し、最後にシャーカリヤに逆襲する。

「この『非ず、非ず』という（標示句によって意味される）アートマンは、不可捉である。それは把捉されないから。不壊《ふえ》である。それは破壊されないから。無執着である。それは執着しないから。それはつながれていないが動揺もせず、毀損《きそん》されもしない。これらが八種の拠りどころ、八種の世界、八種の神、八種の人間《プルシャ》であるが、それらの人間を追い散らし、引きもどししながら、（それらを）超越している、かの秘義として教えられる人間をあなたにおたずねしよう。あなたが私にそれを説明できなければ、あなたの頭頂は破裂してしまうであろう」

シャーカリヤはそれを知らなかった。彼の頭頂は破裂し、さらに、彼の骨を盗人が何かほかのものだと思って、もち去ってしまった。

さて、ヤージュニャヴァルキヤはいった。「とうとい婆羅門がた、あなたたちのなかでだれでもお望みのかたがわたしに問いを出されるがよい。あるいは、一同で質問なさるがよい。――あなたたちのなかでだれでもお望みのかたに私が問いを出そう。あるいは、あなたたち一同に質問しよう」

彼ら婆羅門たちはあえて問いを出そうとはしなかった。（服部訳、八二頁、一部修正）

以上が、ジャナカ王の宮廷に連なったバラモンたちとヤージュニャヴァルキヤとの間に交わされた「神学的対話」のほぼ全貌である。もちろん後代の挿入や脚色があったことは十分に想像されるが、ウパニシャッド時代の生き生きとした討論の様子をよく伝えている。このような議論は明らかに「レトリケ」の段階にあり、哲人ヤージュニャヴァルキヤといえども、「神秘的同一化」の原理にもとづく大宇宙と小宇宙の諸要素の等置を、弁説巧みに説いて、相手を煙に巻いているといった印象を拭えない。もちろんまだ後代のように論証式を用いて討論する習慣は見られないし、論争の勝敗を決定する諸規則ですら、特に意識されていないようである。

王との対論――『ミリンダ王の問い』

ウパニシャッドの討論は、学者の間の「ことばによる決闘」に尽きるものではない。例えば、『ブリハッド・アーラニヤカ・ウパニシャッド』は議論好きのジャナカ王とヤージュニャヴァルキヤとの間の神学論議や、今まさに出家して遊行者となろうとするヤージュニャヴァルキヤからその妻マイトレーイーへのアートマンに関する教えを伝えるし、『チャーンドーギヤ・ウパニシャッド』はウッダーラカとシヴェータケートゥの親子の間の哲学的対話を詳しく記している。

古代インドの学者たちが王たちとの対論に慎重であった様子が、紀元前一世紀～後一世紀に原型が成立したと考えられる仏典『ミリンダ王の問い』からうかがわれる。紀元前二世紀初め、バクトリアにいたギリシャ人が北西インドに侵入し、ヘレニズム文明をインドにもたらし、やがてギリシャ風のコスチュームを身にまとったガンダーラ仏が誕生するきっかけともなるが、仏教への入信を介してインドへ同化していく。『ミリンダ王の問い』は、バクトリア王国最盛期の王として知られるメナンドロス（転訛してミリンダ、在位、紀元前一五五~前一三〇頃）と仏教僧ナーガセーナとの間の問答を伝えたとされるものである。全編、ギリシャ人の王と仏教の高僧の対話からなり、対話を通じて無我説を初めとする様々な仏教の教えが王に伝授される。同書の冒頭で、ナーガセーナは、王者の議論の仕方と学者の議論の仕方の違いを次のように明らかにしている。

王「ナーガセーナ先生、それがしと再び討論いたしましょう」
ナーガセーナ「大王どの、もしもあなたが学者のように討論されるなら結構ですが、王様のように討論されるならお断りです」
王「ナーガセーナ先生、学者はどのように討論なさるのですか」
ナーガセーナ「大王どの、実に学者たちが討論するときは、問題が紛糾したり、解明されたりします。議論が批判されたり、修正されたりします。対論者の相互に信頼関係があります。そして、学者は討論によって腹を立てることはありません。大王どの、学者は実にこのように討論いたします」
王「先生、王はどのように討論するのですか」
ナーガセーナ「大王どの、実に王様が討論なさるときは、一つのことだけを主張され、それに異議を唱えるものには、このものに罰を与えよと言って、処罰を命ぜられます。

大王どの、王様は実にこのように討論なさいます」

王「先生、学者のように討論いたしましょう。王のようには討論しますまい。先生、安心して討論してください。ちょうど仲間の比丘《びく》や入門僧、あるいは在家の仏教徒や僧院の召使いと討論するように、先生、安心して討論してください。決して怖がることはありません」

ナーガセーナ「よくぞもうされた、大王どの」（第一編第一章第三）

学者同士の討論は信頼関係の上になり立っており、学者たちは互いに批判されても腹を立てず、ときには自分の意見を修正するのにやぶさかではないが、王様たちは一方的に自分の意見を主張して、異議を唱えるものは罰してしまうというわけである。マガダのような強大な王制国家や最初の統一帝国であるマウリヤ朝を経て、異民族の征服国家の時代になると、ウパニシャッドに登場するような牧歌的な王たちは姿を消してしまったのであろうか。

討論の心得——『チャラカ・サンヒター』

より実践的な討論のための心得が、医学書『チャラカ・サンヒター』第三編において、有名な「問答のためのマニュアル」を説明する前に与えられている。一読して分かるように、現代の我々にもずいぶん参考になる穿った意見ばかりであるから、すべてを原文通り紹介してみたい。まず、医者は医者同士で討論すべきであると指摘され、およそ同学の士が討論することの意味が事細かに指摘される。

討論の意味

医者は医者と討論すべきである。

実に、同学の士との討論は、知識を得るための学習意欲を高め、知識を得る喜びを与える。

さらに、当該分野に精通させ、表現能力を与え、名声を輝かしいものにする。

また、既に学んだことに関して疑問をもつ者は、討論において再度学ぶことによって、疑問がなくなる。一方、学んだことに関して疑問をもたない者は、討論によって理解が一層確かになる。今まで学んだことがない事柄についても、学習する機会を討論は与えてくれる。

さらに、師匠が勉強熱心なお気に入りの弟子に秘伝のつもりで少しずつ教えた事柄を、論争の最中に、勝ちたい一心から、弟子が喜んですべてを一度に吐き出してしまうこ

とがある。だから、賢者たちは同学の士との討論を高く評価するのである。(三・八・一五)

ところで、同学の士との討論には二種ある。友好的な討論と敵対的な討論である。(三・八・一六)

友好的な討論のきまり

そのうち、友好的な討論は、智恵・専門的知識・意見を交換する表現能力を備え、すぐに腹を立てず、申し分のない学識を備え、意地悪でなく、説得可能であり、自らも説得作法をわきまえており、忍耐強く、討論が好きな人との間に行われる。

そのような相手と討論するときは、心置きなく討論し、心置きなく質問しなさい。心置きなく質問する相手には、事柄をはっきり説明しなさい。

そのような相手に敗北することを恐れてはならないし、彼を負かしても大喜びしたり、他人の前で自慢してはならない。

自分の無知ゆえに一つの立場に固執してはならないし、相手が知らない事柄を繰り返し言及してはならない。

正しい作法によって相手を説得しなさい。この点についてはよく注意しなさい。

以上が、好ましい討論のきまりである。(三・八・一七)

ここに記されている「友好的な討論」は、ナーガセーナが推賞した学者同士の遠慮のない討論と本質的に同じものである。また、ジャナカ王とヤージュニャヴァルキヤの対話、ウッダーラカとシヴェータケートゥの対話も同様の精神のもとに行われていた。

以下は、すべて敵対的な討論に入る際の諸注意である。

敵対的な討論に入る前の注意

他人と敵対的な討論に入る場合は、自分自身の能力をよくわきまえて、論争しなさい。そして、論争を始める前に、必ず論争相手の特徴・彼我の能力差・聴衆の特徴をよく吟味しなさい。実に、慎重な吟味は思慮ある者たちに行動を起こすべきか否かを教えてくれる。だから、賢者たちは吟味を高く評価するのである。

ところで、吟味に際しては、彼我の能力差と、論争者を勝利に導く特徴と欠陥のある特徴とをよく吟味しなさい。

例えば、学習した知識・専門的知識・記憶力・語意を理解する直観・表現能力、これらが勝利に導く特徴と呼ばれる。一方以下のものが欠陥のある特徴である。例えば、すぐに腹を立てる、当該分野に精通していない、びくびくしている、記憶力がない、注意散漫であること。以上のような論争者の特徴を自他がどれほど備えているか、その多少を比較検討しなさい。（三・八・一八）

論争を始める前に、相手の力量・彼我の能力差・聴衆の性格の三点をよく吟味しなければならない。論争はもちろん勝利を目指して行うのであるから、以下に注意されるように、自分より優れた相手と論争してはならないし、敵対的な聴衆の前では論争してはならない。論争者の力量をはかる指標としては、（一）学習した知識、（二）専門的知識、（三）記憶力、（四）語意を理解する直観、（五）表現能力、さらに（六）すぐに腹を立てないこと、（七）堂々としていること、（八）注意力、などが挙げられている。

敵対的な聴衆の前では論争するな

ここで、対論相手には三種ある。自分より優れたもの、劣ったもの、対等なものである。これはもちろん論争者の特徴という観点からのみ区別されるのであって、全人格的に優劣を問題にしているのではない。（三・八・一九）

ところで、論争の聴衆には二種ある。賢い聴衆と愚かな聴衆である。その二種の聴衆は、動機の違いによって、さらにそれぞれ三種に分類される。好意的な聴衆・中立的な聴衆・相手に荷担した聴衆である。（三・八・二〇A）

対論相手に三種あり、聴衆に二×三＝六種あるから、論争の組み合わせは、合計十八種あることになる。そのうちまず、相手に荷担した敵対的な聴衆の前では、決してどんな相手とも論争してはならないと、次に明言される。したがって、三×二×一＝六種の論争の組み合わせが、最初に排除されることになる。

そのうち、智恵・専門的知識・意見を交換する表現能力を備えている賢い聴衆にせよ、愚かな聴衆にせよ、相手に荷担した聴衆の前では、決して誰とも論争を行うべきではない。（三・八・二〇B）

愚かな聴衆の前では劣った相手を論破し、優れた相手と論争するな

次に、好意的にせよ、中立的にせよ、愚かな聴衆の前では、自分より劣った相手と対戦して、積極的に論破すべきことが指摘される。この場合には、相手が知らないテキストから長々と引用したり、難しい専門用語を操ったりして、相手を面食らわせ、沈黙に導くための、ちょっとフェアーではないテクニックが紹介されている。これは、今でもいわゆる「専門家」が「一般大衆」を煙に巻く常套手段ではないだろうか。負けた相手を冷やかすことばも皮肉たっぷりである。一方、自分より優れた相手との論争は、愚かな聴衆の前でも勧められない。この場合、対等の相手にどう対処すべきかは明言されない。

しかし、好意的な聴衆にせよ、中立的な聴衆にせよ、愚かな聴衆の前では、たとえ自分自身に智恵・専門的知識・意見を交換する表現能力がなくても、たとえ相手が無名で、お偉方に馬鹿にされていても、論争を行いなさい。

そして、そのような相手と討論するときは、ややこしくて長い教典の引用を次々と繰り出すことばの錫杖を用いて、討論しなさい。面食らっている相手を何度も上機嫌で冷やかし、またそのように聴衆に表情で示して、相手が答えようとしてもことばを発する機会を与えてはならない。また、難解な専門用語を用いて、(相手に答えさせずにおいて)「君は何も答えないが、答えないと君は提案を放棄したことになる」と指摘しなさい。

再び相手が挑戦してくれれば、次のように答えなさい。「君はこれから一年間しっかり勉強してきなさい」「おそらく君は師(グル)について勉強したことがないのだろう」

あるいは「君との議論はこれでおしまい」

実に、対論者は一度でも論争に負けると、「負け」と言われる。だから、彼と討論を交わす必要は全くない。

ある人々は「優れた相手とも、同じように敵対的論争を行うべし」と言うが、賢者たちは自分より優れた相手と敵対的に論争することを勧めない。(三・八・二〇C)

賢い聴衆の前で

最後に賢い聴衆の前では、彼らが自分に好意的であるか、中立的であるかによって事情が違うようである。好意的な聴衆の前では、自分に有利にことが運ぶから、自分より劣った相手だけでなく、自分と対等な相手とも論争することが勧められる。しかし、優れた相手との論争は、明言されないものの禁止されていると考えてよいだろう。

ところで、好意的な聴衆の前では、自分より劣った相手、もしくは自分と対等だと思う相手と敵対的な論争を行いなさい。(三・八・二一A)

一方、賢明かつ中立的な聴衆の前では、慎重にことを運ばなければならない。自分より優れた相手とは決して論争してはならないが、いったん相手が自分より劣っていると分かれば、直ちに論破しなければならない。ぐずぐずしていると、賢明な聴衆に相手と同じくらいできが悪いと思われるからであろう。愚かな聴衆の場合と同様に、公開討論における様々な必殺のテクニックが披露される。この場合も、対等の相手と論争すべきか否かは明言されない。

注意力・学習した知識・智恵・専門的知識・記憶力・意見を交換する表現能力をすべて兼ね備えた、中立的な聴衆の前で討論する場合は、注意深く、相手の長所と欠点の程度をよく確かめるべきである。

よく観察したうえで、相手が自分より優れていると思うなら、自分の無能力を暴露させないためにも、彼と論争に入るべきではない。

一方、相手が自分より劣っていると思うなら、速やかに彼をうち負かすべきである。そのうち自分より劣った相手を速やかにうち負かす、以下の方法がある。例えば、教典の学習が疎かな相手には、長い引用を暗唱して、圧倒するがよい。専門的知識が劣る場合には、難解な専門用語を用いて、文章の記憶力が劣る場合には、ややこしくて長い教典の引用を次々と繰り出すことばの錫杖を用いて、語意を理解する直観が劣る場合には、同一の多義語を繰り返し用いて、表現能力が劣る場合には、相手が半分まで言いかけた文章をやっつけて、圧倒するがよい。当該分野に精通していない相手は恥をかかせて、腹を立てやすい相手は疲れさせて、びくびくしている相手は怖がらせて、注意散漫な相手は規則により点検することによって、圧倒するがよい。以上のような方法で、自分より劣った相手は、速やかに論争で圧倒するがよい。(三・八・二一B)

以上の記述は、一見十八種の論争の検討としては混乱しているようであるが、次のようなフロー・チャートに表すと『チャラカ・サンヒター』の作者の意図がよく分かるであろう。

論争を始める前に、まず聴衆を見渡して、

┌1　聴衆が相手に荷担しているようなら、いかなる相手とも論争しない。

└2　聴衆が相手に荷担しているようでない場合、

　┌3　聴衆が愚かそうなら、

　　┌4　自分より劣った相手と論争し、論破する。

5　自分より優れた相手とは論争しない。
6　自分と対等の相手とは？（言明されない）
7　聴衆が賢そうなら、
8　聴衆が自分に好意的な場合は、
9　自分より劣った相手・対等の相手と論争し、論破する。
10　自分より優れた相手とは論争しない？（言明されない）
11　聴衆が中立的な場合は、
12　自分より優れた相手とは論争しない。
13　自分より劣った相手と論争し、論破する。
14　自分と対等の相手とは？（言明されない）

敵対的な聴衆の前では論争しない、自分より優れた相手とは論争しない、というのが論争を始める前の二大原則である。好意的な聴衆の前で、自分より劣った相手を選んで論争するというのが、勝利の鉄則であろう。

論争においても道理は守るべし

論争においても道理をつくさないと不慮の事故が起こりうること、したがって賢者は口論をつつしむべきことを次のように述べている。

敵対的に論争する場合でも、道理をもって行うべし。人は道理を踏みにじってはならない。なぜなら、敵対的討論は、人によっては、激しい敵意をもたらすものであるから（三・八・二二）。人は腹を立てると、何をするか、何を言うか分からない。だから、賢者たちは、よき人々の会合では口論を認めない（二三）。一旦、議論が始まったら、以上のようにするべきである（二四）。

聴衆を味方に付けよ

議論が始まる前にも、次のように努力しなさい。聴衆を味方にして、自家薬籠中のものとなっている主題、もしくは対論相手にとって特に難しい主題、あるいはまた、対論相手に強く顔を背けさせるような主張命題を聴衆に指名させるとよい。聴衆が集まったら、「私たちにはそれを言うことはできない。この聴衆のみが、欲しいままに、適切に、望むとおりに、論議と論議の限界（規則）を定めるだろう」と言って、沈黙を守るべし（三・八・二五）。

そのうち論議の限界（規則）の特徴は、「このように言いなさい。そのように言ってはならない。そうなると負け」というものである（二六）。

論争の勝敗は、それが始まる前に決まってしまう。まず、聴衆を味方に付けること、そして、論者自身が得意な論題を聴衆に選ばせることが大事である。

問答のための諸項目

この後『チャラカ・サンヒター』では、討論をするために医者がわきまえておくべき項目・術語が四十四列挙され、解説される。『ニヤーヤ・スートラ』第一篇・第五篇とよく似た、一種の「問答のためのマニュアル」である。その詳細は既存の翻訳研究にゆずるが（宇井伯寿『印度哲学研究第二』「チャラカ本集に於ける論理説」岩波書店、一九二五年）、項目名だけ挙げておこう。

（一）論議（論諍・論詰）

（二）実体、（三）属性、（四）運動、（五）普遍、（六）特殊、（七）内属

（八）提案（＝主張命題）

（九）主張、（一〇）反主張
（一一）理由／根拠（知覚・推理・口伝・類推）、（一二）喩例／実例、（一三）適合、（一四）結論
（一五）答破
（一六）定説（すべての学派に共通の学説・個別的学説・包括的根拠となる定説・暫定的認容の定説）
（一七）証言、（一八）知覚、（一九）推理、（二〇）口伝、（二一）類推
（二二）疑い、（二三）動機、（二四）迷い、（二五）知識欲、（二六）決知
（二七）要請、（二八）随生
（二九）難詰されるべき言明、（三〇）難詰できない言明、（三一）難詰、（三二）難詰への反論
（三三）表現の過失（論証支の欠如・論証支の過多・無関係なことへの言及・ことばや意味の無意味な繰り返し・無意味な言明・首尾一貫性を欠く言明・自己矛盾）、（三四）表現のよさ
（三五）詭弁（言語上の詭弁・一般化の詭弁）
（三六）誤った理由（主題と似ているもの・疑いの原因と同じもの・論証されるべきことと同じもの）、

（三七）時間を過ぎたもの
（三八）非難、（三九）反駁
（四〇）提案の放棄、（四一）対論者の批判を認めること、（四二）別の理由の導入、（四三）的外れな意味説明
（四四）敗北の立場（対論者の主張内容を理解できないこと・難詰されるべきでない者を難詰すること・難詰されるべき者を見逃すこと・（四〇）・（四一）・（三七）・（三六）・論証支の欠如・論証支の過多・首尾一貫性を欠く言明・無意味な言明・無意味な繰り返し・自己矛盾・（四二）・（四三））

『ニヤーヤ・スートラ』の十六原理と同様に、認識論や存在論のカテゴリーが、問答法のカテゴリーと混在している。前者の十六原理のうち「吟味」「確定」「誤った論難」以外のすべてのものは、何らかの形で右のリストに含まれている。個々の定義を共有するものも少なくない。ここに『ニヤーヤ・スートラ』第一篇に整理される以前の、よりプリミテイヴな「問答法のマニュアル」が提示されていると考えてもかまわないであろう。

四十四項目は、一見無秩序に並んでいるように見えるが、最初の二十八項目、特に（八）以降は、知識手段とその対象、論証の予備過程とその資料、論証を構成する支分な

ど、いずれも論議を成立させる積極的な項目を挙げたものである。これらは先に言及された「このように言いなさい」という論議の規則に相当しよう。次の十五項目は論議において犯してはならない様々な過失を列挙したものであり、「そのように言ってはならない」という規則に相当しよう。そして「そうなると負け」が、最後の（四四）「敗北の立場」であろう。したがって、論議の過失と敗北の立場の間に重複する項目がでてくるわけである。

ウパニシャッド時代とは異なり、論議をいかに構成するべきであるか、どのような議論をすれば敗北するか、という反省が明らかに見られる。ここにいたってインド論理学も、「レトリケ」から「ディアレクティケ」へと一歩前進したと考えることができよう。

学術書の方法（タントラ・ユクティ）

『チャラカ・サンヒター』は、同書の末尾、第八篇第十二章に「タントラ・ユクティ」と呼ばれる三十六種の学術書作成のための規則の名前を列挙するが、そのうち三十二種の規則は、先行する医学書『スシュルタ・サンヒター』（一世紀頃）に見られるものと同じである。さらに、カウティリヤの『実利論』の最終章にもほぼ同じ三十二種の規則が、簡単な定義と共に挙げられている。これらの事実は、討論のための規則とは別に、様々な分野の学術書が作成されていく過程で、何らかの共通の規則、学術書作成のための術語集が形成されていったことを容易に想像させるものである。それはまた、そのような学術書に説かれている学説解明のための規則としても用いられうるわけである。なかには、既に見た論議のための術語と共通のものもあるので、ここでは『実利論』のリストを引用しておく。

（一）その対象に関して論じられているもの、それが「主題」である。
（二）論書の項目を順次［列挙したもの］が「目次」である。
（三）表現を結びつけることが「結合」である。
（四）語を規定するものが「語義」（定義）である。
（五）ある論旨を成立させる理由が「論証」である。
（六）簡潔な説明が「寸言」である。
（七）詳しい説明が「詳説」である。
（八）このように行動すべきである、というのが「忠言」である。
（九）誰それはこのように言う、というのが「引用」である。
（一〇）すでに述べられたことに準じて説明することが「準用」である。

（一一）後に述べられることによって説明することが、「［後出箇所］指摘［による説明］」である。
（一二）経験されたことにより経験されないことを説明することが「類比」（比定）である。
（一三）文意を通じて、説かれない［結論］に達する場合が、「言外の意味」（要請）である。
（一四）双方の側とも理由のあることがらが「疑惑」である。
（一五）他の項目と共通のことがらが「同前」である。
（一六）逆の場合を用いて説明することが「反対」である。
（一七）それにより文章が完全になるのが、「文章補足」である。
（一八）他者の説がとりたてて反駁されない場合が「容認」である。
（一九）特別に叙述することが「［特別の］説明」である。
（二〇）構成要素から語の意味を引き出すことが、「語源解釈」である。
（二一）比喩を用いて実例を示すことが「例示」である。
（二二）一般的な規則から外れることが「例外」である。
（二三）他の人には承認されない用語が「個人的術語」である。
（二四）反駁さるべき説が「前主張」である。

（二五）それに関し、決着をつける説が「後主張」である。
（二六）あらゆる場合に妥当であるものが「不変の規則」である。
（二七）「後でこれこれと説くであろう」というのが、「後出箇所参照」である。
（二八）「前にこれこれと説かれた」というのが、「前出箇所参照」である。
（二九）「これこれであり、別様ではない」というのが、「限定」である。
（三〇）「これか、あれか」というのが、「任意」である。
（三一）「これと、あれと」というのが、「併用」である。
（三二）文言で表示されないことを［適切に推測して］実行する場合が、「推測」さるべきことである。（上村勝彦訳『実利論』岩波文庫（下）、一九八四年、三三八頁以降）

思わず、ＭＬＡ（Modern Language Association）の論文執筆の手引きや『シカゴ・マニュアル』を連想させるリストであるが、そのうち（五）（一二）（一三）（一四）（一八）（二一）（二四）（二五）などは、問答法の術語としても使われるものである。『チャラカ・サンヒター』は、これに「動機」「論駁」「弁明」「随生」という、いずれも問答法の術語を加えている。

主張と反主張

以下、『ニヤーヤ・スートラ』第五篇第二章とヴァーツヤーヤナの『注解』に解説される「敗北の立場」（ニグラハ・スターナ）に焦点を定めて、体系的なインド哲学諸派の揺籃期に、どのような討論のルールが確立されていったかを、具体的に見ていきたい。同書に挙げられる二十二種の「敗北の立場」は、討論においてどのような議論をすれば負けと見なされるかという反省から集められたものであり、一種の「討論における反則集」ともいうべきものである。

最初に『チャラカ・サンヒター』から、一対の主張と反主張からなる論争の一例を紹介して、以下の理解の資料としておく。

【主　張】

提案「プルシャ（＝アートマン）は恒久的である」

理由「作られたものではないから」

喩例「例えば、虚空のように」

適合「虚空が作られたものではなく、かつ、恒久的であるように、プルシャも同様である」

結論「したがって、（プルシャは）恒久的である」

【反主張】

提案「プルシャ（＝人間）は非恒久的である」

理由「感覚器官によって知覚されるから」

喩例「例えば、壺のように」

適合「壺が感覚器官によって知覚され、かつ、非恒久的であるように、プルシャも同様である」

結論「したがって、（プルシャは）非恒久的である」

このように『チャラカ・サンヒター』では、ウパニシャッド時代とは違って、提案・理由・喩例・適合・結論の五支からなる論証式を用いて討論することが前提とされているのであるが、このような論証式のもつ意味については、本書の第五章で詳しく論じることとする。まず、このような議論の応酬が続くなかで、論争の当事者がどのような振る舞いに出れば敗北が宣告されるのか、各種の「敗北の立場」を紹介しよう。

敗北の立場

『ニヤーヤ・スートラ』は、「敗北の立場」を次のように定義する。

「敗北の立場」とは、誤解と無理解である。（一・二・一九）

ヴァーツヤーヤナの『注解』（服部訳、三九七頁）によると、「誤解」とは誤った理解・責められる理解であり、「無理解」とは論議事項が提出されているのに、それに携わらないことである。以下挙げる二十二種の敗北の立場のうち、（一四）〜（一九）は前者に、その他はすべて後者に分類される。論争に際して、この「敗北の立場」が指摘されて、一方の敗北が宣告されることによって、他方の勝利が確定することは言うまでもない。

単に論者の「沈黙」によって敗北が決定された『ブリハッド・アーラニヤカ・ウパニシャッド』の場合とは異なり、様々な場合が想定されている。最初の五つは、いずれも論証式中の「提案」もしくは「理由」に関わる「敗北の立場」である。

（二）「提案の放棄」

例えば、次のような議論の応酬があるとしよう。

論者A：提案「音声（語）は非恒久的である」
　理由「感覚器官によって知覚されるから」
　喩例「例えば、壺のように」

論者B：「普遍は恒久的であるが、感覚器官によって知覚されることが経験的に知られる。どうして音声も普遍のように恒久的ではないのか？」

論者A：「もしも感覚器官によって知覚される普遍が恒久的であるなら、壺も恒久的であると認めよう」

この場合、論者Aは「音声は非恒久的である」という自分の提案を立証するために、感覚器官によって知覚される「壺」を挙げ、かつそれは非恒久的であると認めていたはずなのに、論者Bに感覚器官によって知覚され、かつ恒久的な「普遍」という反例を示されて、「壺」も恒久的であると認めてしまっている。これでは、論者Aは自分の立場を放棄したことになるから、「音声は非恒久的である」という本来の提案を放棄したことになる。したがって、論者Aは「音声は恒久的か否か」という論争に敗北したと見なされる。

ヴァーツヤーヤナは、対論者の挙げる反例の属性を自己の喩例に認めるとき、自分の提案を放棄したことになる、という。

【規則二】 難詰されたとき、自分の提案を放棄する者は、論争に敗北したと見なされる。

（二）「別の提案の導入」

【規則二】難詰されたとき、別の提案を導入して、最初の提案を立証しようとする者は、論争に敗北したと見なされる。

(三)「提案と理由の背反」

【規則三】自分の提案と相容れない理由を述べる著は、論争に敗北したと見なされる。

(四)「提案の否認」

【規則四】難詰されたとき、自分の提案を否認する者は、論争に敗北したと見なされる。

(五)「別の理由の導入」

【規則五】難詰されたとき、別の理由を導入して、自分の提案を立証しようとする者は、論争に敗北したと見なされる。

以下の四つは、そもそも論証式を整えて何かを論証しようという意図が疑われるような場合である。

(六)「的外れな意味説明」

例えば、文法学者が次のような議論をするとしよう。

「語（音声）は恒久的である。触れることができないからというのが理由。実に、『理由』（hetu）とは、動詞語根 hi のあとに接尾辞 tuN を導入するとき形成される、第一次接尾辞に終わる語である。ところで、『語』には名詞・動詞・動詞接頭辞・不変化詞の四種がある。『名詞』とは、表示対象がある特定の行為と結びついた結果、語形変化する語である。」云々。

このように、文法学者が「語は恒久的である」という提案とは全く無関係な文法的説明を長々としても、論争に敗北したものと見なされる。論証を積極的に支持する実例が一切言及されないから、一般世間や学者の間で「触れることができないから、恒久的である」と認められるか否かが明らかではないからである。

【規則六】提案と理由に続いて、喩例を全く述べずに、無関係な議論をする者は、論争に敗北したと見なされる。

（七）「無意味な言明」

【規則七】提案に続いて、言語的に全く無意味な単なる音の連鎖を提示する者は、論争に敗北したと見なされる。

（八）「意味が理解されない言明」

立論者が、自己の無能力さを隠すために、わざと二重の意味をもつ語や意味不明の語を用いたり、異常に早口で話したりして、三度繰り返して言っても、論争の場に居合わせる聴衆や対論者に、その意味が理解されないような言明をするとき、立論者は論争に敗北したと判定される。

【規則八】 論争中に、対論者や第三者に意味不明の言明を、故意に提示する者は、論争に敗北したと見なされる。

(九)「首尾一貫性を欠く言明」

【規則九】 論争中に、前後の脈絡のない語や文の寄せ集めを、故意に提示する者は、論争に敗北したと見なされる。

以下の四つは、論証式の提示の仕方が間違っている場合である。

(一〇)「時機を得ない陳述」

通常の立論を構成する五つの論証支、提案・理由・喩例・適合・結論は、常にこの順序で陳述されなければならない。もしこの順序を逆転させて主張すると、首尾一貫した論証意図が伝わらないから、立論者は論争に敗北したものと判定される。

【規則一〇】 論証を構成する五支の順序を逆転させて主張する者は、論争に敗北したと見なされる。

（一一）「論証支の欠如」

【規則一一】五支のいずれか一つを欠いて主張する者は、論争に敗北したと見なされる。

（一二）「論証支の過多」

立論者が、五つの論証支にさらに余分の理由や喩例を付け加える場合も、無益な行為をしている点が咎められて、立論者は敗北したものと判定される。ただし、このような形式主義は厳格に守られなかったようであり、実際の論争・論証において複数の理由や喩例に言及することが許されている。

【規則一二】五支のうち、理由や喩例を余分に陳述する者は、論争に敗北したと見なされる。

（一三）「無意味な繰り返し」

【規則一三】論争中に、「結論」など説明のための再言を別にすれば、同じことばや意味を直接・間接に繰り返す者は、論争に敗北したと見なされる。

以下の三つは、論争当事者の知的理解能力に関わる「敗北の立場」である。

（一四）「対論者の主張内容を再説できないこと」

論争の場に居合わせた聴衆に既に理解されている主張内容を、たとえ対論相手が三度繰り返して述べたとしても、あらためて自分で再説できない論者は、論争に敗北したと見なされる。対論者の主張を否定するためには、少なくともその内容をまず自ら再現できなければならないからである。

【規則一四】論争中に、対論者の主張内容を再現できない者は、論争に敗北したと見なされる。

(一五)「対論者の主張内容を理解できないこと」

【規則一五】論争中に、対論者の主張内容を理解できない者は、論争に敗北したと見なされる。

(一六)「答論を即座に見いだし得ないこと」

【規則一六】論争中に、対論者の批判に対する答を即座に見いだし得ない者は、論争に敗北したと見なされる。

以下の五つは、論争当事者の論争に取り組む姿勢に関わる「敗北の立場」である。

(一七)「論争の回避」

論争の最中に、「今ちょっとしなければならない仕事があります。それが終わったら、あとで議論をつづけましょう」とか、「風邪を引いていて喉が痛い」などの口実を設けて、論争を中断する者は、論争に敗北したと見なされる。

【規則一七】 論争中に、口実を設けて論争を中断する者は、論争に敗北したと見なされる。

（一八）「対論者の批判を認めること」

【規則一八】 論争中に、対論者の批判を認めてしまった者は、論争に敗北したと見なされる。

（一九）「難詰されるべき者を見逃すこと」

【規則一九】 論争に勝利したにも拘らず、敗北した相手を見逃す者は、論争に敗北したと見なされる。

（二〇）「難詰されるべきでない者を難詰すること」

【規則二〇】 論争の途中で、勝手に対論者の敗北を宣告する者は、論争に敗北したと見なされる。

（二一）「自分の認める学説から離れてしまうこと」

【規則二一】 論争中に、対論者の批判に応じて、自分の学説からどんどん離れていく者は、論争に敗北したと見なされる。

(二二) 疑似的理由

最後に、五支論証の理由支に「疑似的理由」と呼ばれるものを使用する場合も、「敗北の立場」と見なされる。疑似的理由とは、理由に似ているが、提案を支持し、結論を導く正当な理由とは認めがたいものである。

【規則二二】 五支論証において、疑似的理由を用いる者は、論争に敗北したと見なされる。

疑似的理由は、ニヤーヤ学派の十六原理の一つとして別に挙げられることから分かるように、インド論理学の発展につれて、他の「敗北の立場」と区別されるようになったと考えられる。すなわち、単なる「討論上の過失」から「論証における誤謬」へとその性格を変化させていったのである。ここに「問答法のマニュアル」のなかから論証法としての「インド論理学」が発生する契機があったと言える。疑似的理由、誤った理由の考察は、正しい理由の考察を必然的に要請し、やがてインドの論理学者たちは、正しい理由の備えるべき特徴・条件は何かを追求し、確定するようになるのであった。疑似的理由の詳細は第五章に紹介する。

以上で『ニヤーヤ・スートラ』が挙げる「敗北の立場」二十二種すべてを解説したこと

になる。次に、討論における過失として伝統的に認められており、ニヤーヤ学派の十六原理の一つでもある「詭弁」を取りあげる。これで「討論における反則集」のほぼ全容が明らかになるだろう。

詭弁

『ニヤーヤ・スートラ』は「詭弁」を次のように定義し、標示する。

「詭弁」とは、意味の転化が成り立つことにもとづく（相手の）提言の歪曲である。それは三種である。言語上の詭弁、一般化の詭弁、ならびに比喩上の詭弁である。（一・二・一〇〜一一）

（一）言語上の詭弁

「言語上の詭弁」は、「意味が規定されずに述べられた場合に、話し手の意図とは異なる意味を想定すること」（一・二・一二）と定義されるが、要するに同音多義語を利用した詭弁である。

例えば、梵語の「ナヴァ」（nava）という音連鎖は「新しいもの」と「九」という二つの相異なる意味に理解することが可能である。そこで、ある人が「この子はナヴァ・カンバラ（新しい衣）を着ている」と言うとき、別の人が「あなたは、この子は九枚の衣（ナヴァ・カンバラ）を着ていると言うが、この子は一枚しか衣を着ていないではないか」と話し手の意図を故意に曲解し、その言明を歪曲して否定する場合である。

「ナヴァ」という語の意味が規定されていないために起こりうる詭弁であるが、そもそも「十二単《じゅうにひとえ》」でもなければ、一人の人間が「九枚の衣」を同時に身につけることは考えられないから、「ナヴァ・カンバラ」は「新しい衣」と理解されるのが当然である。もっとも単なる駄洒落と考えれば、詭弁などと咎めだてする必要もないのだが。この種の詭弁からは、「討論においては曖昧な多義語を避けるべきである」という、アリストテレスの『弁論術』にも見いだされる教訓を引き出すことが可能である。

(二) 一般化の詭弁

「一般化の詭弁」は、「可能性にもとづいて意味を過度に一般化して適用することによって、ふくまれていない意味を想定すること」(一・二・一三) と定義される。ヴァーツヤーヤナは次のような対話を想定している。

論者A「ああ、この婆羅門は、ほんとうに学識も徳行もそなえたかただ」
論者B「婆羅門は学識も徳行もそなえているものだ」
論者A「もし、婆羅門は学識も徳行もそなえているものだとすれば、(婆羅門ではあるが師について学習していない)ヴラーティアにも(その特質が)あることになるであろう。ヴラーティアも婆羅門である。したがって、彼も学識・徳行をそなえているはずである」(服部訳、三九三頁)

論者Bは、単に論者Aの話題をうけついで、「人は婆羅門であってこそ、学識・徳行をそなえる素因がありうるのだ」とバラモン一般を讃美する目的で、「婆羅門は学識も徳行もそなえているものだ」と言ったのであって、「婆羅門である。だから、学識・徳行をそなえている」と理屈を述べているわけではない。したがって、論者Aの第二の議論は、論者Bの意図を故意に曲解し、その言明から、元来意図されていない一般的命題を引き出して、論者Bに誤謬を付与しているのである。

市場から山羊を買ってきた帰り、悪者に三度も「犬を連れている」と言われて、思わず山羊を放り出して逃げ出すバラモンなど、インドの説話に「愚かなバラモン」がよく登場する。バラモンと言っても、学識・徳行をそなえた人も、そうでない人もいたわけである。

それにも拘らず、人の言葉尻を捕まえて、理屈をこねるのは非常識だということであろう。一方、日常会話の曖昧さをただし、論者Bの真の意図を明らかにするためだと考えれば、このような詭弁も有意義な議論であると言えないこともない。

(三) 比喩上の詭弁

「比喩上の詭弁」は、「(表現の)規定の転用による(比喩的な)陳述に対して、(陳述を本来の意味に解して、その)意味の事実性を否定すること」(一・二・一四)と定義される。他の言語と同じように、梵語でも様々な比喩的表現が用いられる。

例えば、「桟敷《さじき》が喝采する」「槍どもが城にはいる」「ガンジス河にある牛飼部落は涼しい」などなどである。このような表現に対して、「桟敷にいる人々が喝采するのであって、桟敷が喝采するのではない」「槍をもつ兵士が城にはいるのであって、槍が城にはいるのではない」「ガンジス河の岸辺にある牛飼部落が涼しいのであって、ガンジス河のなかに牛飼部落はありえない」などと、話し手の意図する比喩的意味を無視して、ことばのもつ本来の意味だけにもとづき、話し手の言明を歪曲して、否定する場合である。

討論において、曖昧な比喩的表現は必ずしも歓迎されない。その意味では、この詭弁にも、討論において用いられる言明をより明晰なものにするという積極的な役割を与えることができるかもしれない。

以上の三種の詭弁は、ニヤーヤ学派では「討論における過失」というように否定的に評価され、他人の議論にそれを見つければ難詰すべきであり、自分の議論においては用いるべきではないとされるが、討論・論証においてより厳密な言語表現を追求するという立場にたてば、簡単に排除されるものではないと筆者は考えるものである。

討論

これまで、討論にはいる前にどのような聴衆の前でどのような相手と討論すべきかという諸注意、さらに討論にはいった後には相手の議論にどのようにして欠陥を見いだして相手の敗北を宣告し、勝利を手にすべきであるかという諸注意を見てきたが、最後に、インド論理学の伝統において、そもそも討論とは何かを明らかにしたい。ヴァーツヤーヤナは、「討論」(カター)には、(一)「論議」(ヴァーダ)、(二)「論諍」(ジャルパ)、(三)「論詰」(ヴィタンダー)の三種があると言う。この三者は、いずれもニヤーヤ学派の十六原理に含まれるものである。『ニヤーヤ・スートラ』は論議を定義して、次のように言う。

（一）論議

「論議」とは、知識手段と吟味とによる論証・論難から成る、定説に矛盾しない、五支分を具備した、定立と反定立の設定である。（一・二・一）

論議は、次の条件を満足させるものでなければならない。

（1）例えば、先に引用した『チャラカ・サンヒター』の主張と反主張のように、

「プルシャは恒久的である」

「プルシャは非恒久的である」

という、同一主題（＝「プルシャ」）に関する二つの相容れない主張（すなわち、定立と反定立）から構成されなければならない。意見の対立がなければ、議論は始まらないからである。

（2）主張にせよ反主張にせよ、提案・理由・喩例・適合・結論の五支からなる論証式によって提示されなければならない。論証支が少なすぎても、多すぎても、既に見た「敗北の立場」（二）または（一二）に陥ることが指摘されて、負けてしまうからである。

（3）自らの主張の立証を「論証」、相手の主張の否定を「論難」と呼ぶが、いずれも知識手段と吟味にもとづくものでなければならない。知識手段は、例えば、知覚は喩例、推理

は理由、比定は適合、証言は提案、すべての知識手段は結論などというように、五支と密接に結びついているが、そのような形でなくても、論証・論難の目的を達成する場合もある。既に見たように、吟味は一種の帰謬法であり、知識手段による論証・論難の補助手段として挙げられる。

（4）主張にせよ、反主張にせよ、自分が認める定説に矛盾することがあってはならない。さもなければ、「反対の理由」という疑似証因、「自分の定説から離れてしまう敗北の立場」などを指摘されて、負けてしまうからである。

『ニヤーヤ・スートラ』の「論議」は、おそらく『チャラカ・サンヒター』の「友好的な討論」に相当する。例えば、同学の士である、師と弟子や、学者たちの間で行われる真理探究のための討論を想像すればよい。

『ニヤーヤ・スートラ』第四篇第二章の末尾には、ヨーガ（瞑想）の修習によって過去世から積み重ねた功徳により特別の三昧に達することによって、真理の認識と解脱が得られると説く（四・二・三八～四六）。

さらに、解脱に達する手段として、ニヤーヤ学派の体系的知識の獲得とその継続的な学習・熟考と、同学の士たちとの「親しい討論」（サンヴァーダ）が挙げられる。そのような討論は、弟子・師匠・一緒に修行している仲間・至善を求める人々で、悪意をもたない人たちとの間で行うことが勧められている。そして、対論相手から叡知を学び、真理を知ろうとする者は、自分自身の反主張をたてる必要もないと言われている（四・二・四七～四九）。

これに対して、「論諍」と「論詰」は、『チャラカ・サンヒター』の「敵対的な討論」に相当する。『チャラカ・サンヒター』では「論議」という語は、この敵対的な討論の意味で用いられており、論諍と論詰とはその下位分類であることが注意されなければならない。『ニヤーヤ・スートラ』は言う。

論諍・論詰は、真理の確定をまもるためにある。種子の発芽をまもるために、（畑を）茨と枝でかこうように。

論諍と論詰によって、敵対的討論を始めるがよい。（四・二・五〇～五一）

論諍と論詰とは、論議と違って、真理の追究のために行われる討論ではない。したがって、真理の認識と解脱というニヤーヤ学派の究極の目的に直接的に資するものではない。しかし、他学派からの論難に対して真理を擁護するためには、論諍と論詰によって、相手を完膚無きまでにやっつける必要があるということであろう。

（二）論諍

『ニヤーヤ・スートラ』は論諍を次のように定義する。

「論諍」とは、先述（の諸条件）をそなえ、詭弁・誤った論難・敗北の立場による論証・論難から成るものである（一・二・二、服部訳の補いを一部削除）

論諍は、先に挙げた論議の必要条件四つをすべて備えていなければならない。それに加えて、もしも対論相手が詭弁を用いたり、誤った論難を仕掛けたり、「敗北の立場」と見なされるべき議論を提示する場合には、速やかにそれを指摘して、相手を敗北に導くと同時に、相手によっては、自ら詭弁を駆使し、誤った論難を仕掛け、敗北の立場と見なされるべき議論を提示して、論争に勝利することを目指すのが、論諍である。ひたすら真理の追究のために行われる論議に対して、論諍の目的は論争に勝利することにあり、そのためには手段を選ばないということである。論議は親しい同学の士の間でなされるものであるから、詭弁など不当な手段を使って相手をやっつける必要はなく、正々堂々と相手を説得し、真理を伝えるのが本来の目的である。

（三）論詰

『ニヤーヤ・スートラ』は論詰を次のように定義する。

「論詰」とは、反定立を立証することを欠いたそれ（論諍）である。（一・二・三）

論議と論諍は、ともに定立と反定立からなる議論の応酬である。一方が「プルシャは恒久的である」と主張し、論証しようとするなら、他方は、単にその論証の欠陥を指摘するだけではなく、それに対抗して「プルシャは非恒久的である」と主張し、論証しなければならない。両者の違いは、真理の追究か勝利かという目的と、目的のためにはあえて不当な論法を選ぶか否かという手段とにあった。

さて、論詰は論諍の一種であるが、論者が自らの主張を積極的に提示することを一切せず、ひたすら対論相手の議論の欠陥を暴くことに終始する点が、論諍と異なる点である。このような論法は、必然的に「破壊的な帰謬法」の形を取ることになるはずである。インド哲学の歴史において、多少の皮肉をこめて「偉大な論詰主義者」と呼ばれたのは、仏教徒のナーガールジュナ（龍樹、中観派《ちゅうがんは》の始祖）である。

次章で詳しく見るように、彼はニヤーヤ学派の論理学の勃興に強い危機感を抱いたようである。ニヤーヤ論理学を徹底的に否定するために、詭弁や敗北の立場を駆使しているが、さらにのちに「プラサンガ」と名付けられた破壊的帰謬法を多用している。また「すべてのものは空《くう》であるから、私には主張命題というものはない」とナーガールジュナは明言する（『廻諍論』第二九偈《げ》自注）。もっとも、彼に全く主張がないわけではない。「すべてのものは因縁から生じたものであるから、空である」というのが、彼の基本的な主張である。彼はそれを積極的に論証式を構成して証明しようとしなかっただけである。「空の論証」の試みは、彼の後継者のなかでは、ディグナーガの仏教論理学を積極的に取り入れた中観学者、バーヴィヴェーカ（清弁《しょうべん》、六世紀）まで待たねばならない。中観派仏教徒以外で「論詰」を積極的に使用したことで有名なのは、順世派のジャヤラーシ（八～九世紀）とヴェーダーンタ学派のシュリーハルシャ（十二世紀）である。

誤った論難

ニヤーヤ学派の十六原理のうち最後に残されたのが「誤った論難」（ジャーティ）である。「誤った論難」とは、（喩例との）性質の共通性、性質の相違性によって反駁することである。（一・二・一八）

『ニヤーヤ・スートラ』のこの定義では、「誤った論難」の具体的な性格はよく伝わらないが、ヴァーツヤーヤナは「(立論者が正しい) 理由を述べたときに、反論者によってなされる誤謬の付随の指摘(プラサンガ)」という説明を与えている(服部訳、三九六頁)。『ニヤーヤ・スートラ』第五篇第一章は二十四種の「誤った論難」を例示し、その排斥法をも指示している。その二十四種すべてが必ずしも帰謬法(プラサンガ)とは言えないものの、そのうちのいくつかは次章に見るようなナーガールジュナのニヤーヤ論理学批判を取りあげて、反論・再批判したものである。

『チャラカ・サンヒター』には「誤った論難」が全く言及されない。一方、ナーガールジュナに帰せられる仏教論理学書『方便心論』には、二十種の「相応」(プラサンガ)が「真実の論」として挙げられている。しかも、その半数近くは『ニヤーヤ・スートラ』にも見いだされる。これらの事実から、そもそも「誤った論難」とは、ナーガールジュナにとって正当な論法である帰謬法(相応)を、ニヤーヤ学派が誤った論法と見なして拒否しているのであると考えることができる。ナーガールジュナとニヤーヤ学派の熾烈な論争は、次章で明らかにしたい。

古代インドの討論が、どのような状況下で、どのようなメンバーによって行われたかを知るための資料はほとんど皆無である。少し後代になるが、ジャイナ教のデーヴァスーリ（十一～十二世紀）の『プラマーナ・ナヤ・タットヴァ・アーローカ』最終章が、若干の具体的な情報を与えてくれる。また、『チャラカ・サンヒター』に見られた、論争を始める前の諸注意や、討論する者の備えるべき資質、敗北の立場などは、仏教の瑜伽行唯識学派の『瑜伽師地論《ゆがしじろん》』に『チャラカ・サンヒター』よりも詳しく規定されている。紙幅の都合でいずれも割愛せざるをえない。

マルヴァニア先生へ

マルヴァニア先生と別れてから三十年近い年月がたった。この間一度だけオックスフォードの帰途、アーメダバードのご自宅に先生をお訪ねしたことがあるきりである。あのトロントの寒い冬の夕方に、先生から出された宿題にはまだちゃんと答えていない。そこで、以下のような喫煙支持と喫煙否定の論証式を作ってみた。

提案「喫煙は人間にとって有用である」
理由「心のやすらぎを与えてくれるから」
喩例「心のやすらぎを与えてくれる音楽を聴くことは、人間にとって有用である」

適合「同様に、喫煙も心のやすらぎを与えてくれる」
結論「したがって、喫煙は有用である」

提案「喫煙は人間にとって無用である」
理由「健康を害するから」
喩例「健康を害する過度の飲酒は人間にとって無用である」
適合「同様に、喫煙も健康を害する」
結論「したがって、喫煙も無用である」

この相対立する二つの論証式のうち、いずれが正当か、もしくはいずれも正しくないかは、第五章で検討することになるだろう。

第四章　帰謬法――ナーガールジュナの反論理学

一九七六年師走、新春の準備に忙しい日本を後にして、太平洋を渡った。学科長になって忙しくなりそうだから、代わりに授業をして欲しいというミシガン大学のルイス・ゴメス教授の誘いで、一月から五月までの冬学期のあいだ客員講師に就任するためであった。途中、トロント時代に一緒に暮らしたことのある元日本人ヒッピーA氏が住むサンタモニカで正月を過ごした。A氏は六〇年代半ばの早稲田の学費値上げ反対闘争のあと、ヒッチハイクでアジア大陸を横断してロンドンまでたどり着き、さらに大西洋を渡ってトロントへやって来た剛の者であったが、当時は西海岸まで移動して、ロスアンゼルスでサラリーマン生活を送っていた。今は東京に戻って、日本と米国、日本とアジア諸国の民間レベルでの国際協力と相互理解に指導的な役割を果たしている。

ナーガールジュナコンダの僧院址、3～4世紀頃。

サンタモニカでお節料理をご馳走になった後、ニューオーリンズ経由でデトロイトへ飛んだ。わざわざスーパーボウル直前のニューオーリンズに立ち寄ったのは、言うまでもなく、日本人観光客ならだれでも行く「コンサーヴェーション・ホール」でディキシーランドを聴くためだった。暗い小さな倉庫のような部屋でジャズの歴史そのものと言われた老人ばかりのバンドが熱気あふれる演奏をしていた。

ミシガン大学のあるアンナーバーは、当時、主として大学関係者とデトロイトの自動車産業の関係者が住む小さな町で、何となくカフカの『城』を思わせる巨大な大学病院が印象的であった。担当したのは「世界の宗教——アジア」という学部学生対象の入門講義であったが、週三回の講義を十五週間して、インド・中国・日本の主な宗教をすべてカバーしなければならないというタフな授業であった。百人ばかりの学生の前でマイクで講義するというのも初めての経験で、苦労の連続であった。この講義は、かつてL・ランカスターやP・S・ジャイニという北米の錚々《そうそう》たる仏教学者が教えた由緒ある講義ということであったが、後日ランカスターに尋ねたところ、自分が教えた六〇年代には一群の狂信的なエバンジェリスト（福音主義キリスト教徒）が聴講していて、仏教の話をすると猛烈なブーイングをされて困ったという話であった。

講義の他は、古典チベット語と『倶舎論《くしゃろん》』の演習を担当、あっという間に一週間が過ぎていった。唯一の楽しみといえば、週末にビールを飲みながら読む、オランダ人外交官、ファン・フーリックの唐代中国を舞台にした推理小説『ディー判事シリーズ』であった。先年、ドイツのマールブルクに仏教文学研究の第一人者M・ハーンを訪ねたとき、彼の書棚にドイツ語訳の同シリーズが並んでいるのを見つけて、ひそかにニヤリとしたものである。

ゴメスは、今まで出会った世界の仏教学者のなかでも、とりわけ博識で聡明な研究者であり、解釈学的方法による仏教研究の第一人者である。のちに、薬物依存になった親戚の若者を引き取って世話をするうちにユング派の心理学に関心をもつようになり、とうとう心理学でも学位を取ってしまったくらい多才な人である。

イェール大学で若くして『華厳経《けごんきょう》入《にゅう》法界品《ほっかいぼん》』の研究で学位を取ったゴメスは、最近の「浄土三部経」の英訳に至るまでの大乗経典の研究と並んで、大乗の中観哲学の研究に体系的に取り組んでいた。また、日本留学時代から禅を学び、自宅の地下室には座禅のためのコーナーを作っていた。ミシガン滞在中のあるとき、彼に尋ねたことがある。「どうしてアメリカ人の仏教研究者は禅と中観哲学に特別の興味を示すのかな」。ゴメス答えて、曰く。「僕たちはみんな鈴木大拙とコンゼの本を読んで仏教を勉強するようになったからだろう。それにアメリカ人はシニカルだからね」。コンゼというのは、ドイツ出身の仏教学者。ナチス・ドイツを嫌って英国に亡命したが、その強烈な個性のため、ついに大学の定職につくことはなく、在野の仏教研究者として生涯を過ごした人である。戦後多くの啓蒙的な仏教書を書いたが、彼の専門分野は中観派の思想的ルーツの「般若経典」であった。

シニカルなアメリカ人がどうして中観仏教に興味をもつのか、いまだによく分からない。中観派の思想がシニカルだというなら、シニカルなアメリカ人のシニカルな仏教理解であろう。

ナーガールジュナ

インドに輩出した、数ある仏教哲学者のなかで、ナーガールジュナ（龍樹）ほど現代の欧米の仏教研究者の関心を引き、様々な解釈を提示された人はいない。

彼は、ロシアの偉大な仏教学者シチェルバツコイ（一八六六～一九四二）にとっては新カント派的絶対主義者、ポーランドの早世したインド学者シャイエル（一八九九～一九四一）にとっては神秘的懐疑主義者、インドの仏教学者ムルティにとっては不二《ふに》一元論《いちげんろん》派ヴェーダーンタ的絶対主義者、我が師ワーダーにとってはイギリス経験論的反形而上学者、スリ・ランカ出身の仏教学者カルパハナにとっては論理実証主義者、そして、晩年のマティラルがそうであったように、最近の一部の研究者にとっては、デリダ流のディコンストラクショニスト（脱構築主義者）というように、谷間ごとに違った「ことば」を話すと言われるチベット高地のように、研究する人が違えば、その数だけのナーガールジュナ解釈があると言っても過言ではない。

なかにはもちろん、不慮の事故で亡くなったカナダ出身の仏教学者ロビンソンや、現在の最も指導的な中観仏教研究家であるルエッグのように、インド哲学と西洋哲学を安易に比較したり、同一視したりすることに批判的な人々もいる。

ナーガールジュナに対する、相異なる理解、もしくは誤解は、今に始まったことではない。インドにおける彼の後継者たちは、ナーガールジュナは「一切は空」と言って、すべてを否定する虚無論者（ニヒリスト）である、という他学派からの非難・攻撃から、後々まで彼を弁護し続けなければならなかった。

ナーガールジュナを一種の虚無主義者とする理解は、現代の研究者の間にも見られる。優れた『インド哲学概説』（一九二二年）を著したインド人学者ヒリヤンナがそうであったし、シチェルバツコイと同世代のベルギーの碩学《せきがく》、ドゥ・ラ・ヴァレ・プサンもまた、前者に対抗して、ナーガールジュナ＝虚無主義者という論陣を張った。しかし、彼の死後『ハーヴァード・アジア研究誌』（一九三八年）に公表されたわずか一頁のノートには、その主張の誤りであったことを告白している。優れた学者にして初めてできる、良心的な態度である。

中国仏教におけるナーガールジュナの後継者たちは、「三論宗」という独自の解釈の伝統を形成した。一方、密教が主体のチベット仏教もその顕教《けんぎょう》はナーガールジュナから派生したインドの中観仏教に他ならない。日本仏教では、伝統的にナーガールジュナを「八《はっ》宗《しゅう》の祖」と見なし、大乗仏教の最初で最も重要な思想家と尊敬してきた。

このように長くて複雑な研究史があるナーガールジュナに関して、インド論理学をテーマとする本書が、屋上屋を重ねるような議論をする気持ちは毛頭ない。それにしても、なぜナーガールジュナがニヤーヤ学派の勃興にある種の危機意識をもって、徹底した批判を展開したのか、その理由を理解するためには、彼の思想の根本に触れざるをえない。それは、例えば、彼の主著『中論頌《ちゅうろんじゅ》』の次の詩頌によくあらわれている。

業と煩悩の止滅によって解脱がある。業と煩悩は思惟分別《ふんべつ》より生じる。それらはプラパンチャ（戯論《けろん》）による。プラパンチャは空性《くうしょう》によって滅せられる。（第十八章第五偈《げ》）

他者に依存せず、寂静《じゃくじょう》であり、様々なプラパンチャによって対象化されず、思惟分別を離れ、多様なものではない。これが実在（リアリティー）の特徴である。（同章第九偈）

人は業・煩悩によって生死流転《しょうじるてん》を繰り返すが、業・煩悩が止滅するとき輪廻から解脱する。業・煩悩は思惟分別に由来する。すなわち、人が欲望をもち、行為を起こすのは、その対象に関して「隣のバラは赤い」などの概念的判断を下すからである。ここまでは、ごくスタンダードな仏教教義である。しかし、思惟分別がプラパンチャに由来するというのは、あまり他に例を見ないように思われる。

プラパンチャ——言語本能？

「プラパンチャ」は、「顕現」「展開」「拡大」「冗長」「多元性」「多量」「仮現《けげん》」「幻影」「現象世界」などを意味する語であるが、のちの中観派では「ことば」「言語表現」そして「ことばへの執着」と定義され、現代日本の研究者によっては「ことばの虚構」「言語的多元性」などと理解されてきた。「ことば」という意味の「プラパンチャ」は、次の第九偈の「実在の特徴」のなかで使われており、実在はことばによって対象化されない、つまり、言語表現されえないものと言われる。ナーガールジュナは、ブッダをもまた言語表現を超えたものという意味で「プラパンチャが寂滅《じゃくめつ》したもの」と特徴づけている。このような、いわば表現行為としてのことばは、通常我々の概念的思惟を前提とするものと考えられる。

しかし、ことばと概念との関わりは、それほど単純ではない。「哲学」「パソコン」などの新造語の場合のように、ある概念が形成されてあることばが生み出されることもあれば、それらを学習する場合のように、未知の音連鎖が与えられてその意味する内容・概念を習得することもある。ナーガールジュナは、表現行為を生み出す思惟分別の背後にさらにもう一つの「プラパンチャ」を想定しているのである。インドの注釈者たちは、それを「ことばへの執着」と理解しているのであるが、外的な言語として表出される以前の一種の「心的言語」、それなくしては我々が概念的に思惟することができない何かである。

筆者には、それがチョムスキーの「普遍文法」の流れを汲む認知科学者、スティーブン・ピンカーが提唱した、すべての人類に共通の「言語を生み出す本能」(Language Instinct)という発想と類似するように思われてならない(椋田直子訳『言語を生みだす本能』〔上・下〕、NHKブックス、一九九五年)。近年の脳科学の発達は、脳のどの部位が人間の言語能力のどの部分と対応するかという仮説を次々と生み出しつつあるそうであるが、人は三歳までに複雑な文法法則をマスターできる遺伝子をもって生まれてきているという一部の遺伝学者たちの仮説が正しいとすれば、概念形成の前にまず「心的言語」(プラパンチャ)ありという、ナーガールジュナの言明も理解しやすくなるのである。

仏教の二つの伝統――頓悟と漸悟

ナーガールジュナの哲学的営為の究極の目標は、このような言語が創り出す仮構の世界と実在の世界との間の乖離を徹頭徹尾あからさまにすることであった。

ナーガールジュナは、私たちが現に生きている世界、鳥が鳴き、花が咲く世界、名もない牛飼いから世に知られた聖者までが住む世界、この現実の世界を決して否定することはない。悲しいかな、私たちは「鳥」「鳴く」「花」「咲く」「牛飼い」「聖者」などのことばとそのようなことばが表す概念の網の目を通さずには、この世界に対峙することはできない。後代の瑜伽行唯識派の学者たちは、それを「無始時来の薫習《くんじゅ》(＝潜在的習慣性)」と呼んでいるが。ナーガールジュナは、実在の世界がこのことばの網の目によっては決して十全に掬《すく》いとれないことを、彼の全作品のなかで様々な角度から繰り返し繰り返し説いているのである。ナーガールジュナにとって、このことばの網を完全に取り払い、概念的思惟を根絶するとき、寂静で一味なる実在の世界が、だれの助けも借りずにおのずから直証される。それが悟りの世界、真実の世界である。

彼は決して虚無論者ではない。もしもことばの否定が神秘主義の徴表であるとするなら、ナーガールジュナを神秘主義者と呼ぶことができよう。ナーガールジュナの神秘主義的傾向は、大乗経典のなかの般若経類、さらには『スッタニパータ』などの初期経典にまでさかのぼることができる。

また、初期経典のムシーラとナーラダの対立から、八世紀末チベット王の面前でインド・中国両仏教の優劣を決めるために戦われた、インドの学僧カマラシーラと中国の禅僧大乗和尚との「サムイェの宗論」に至るまで、悟りへの道は長く厳しい修行と現象世界の背後を見抜く透徹した智恵を磨き続けることであるという「漸悟派《ぜんごは》」と、一瞬の叡知、無分別知の獲得によって転迷開悟するという「頓悟派《とんごは》」とは、仏教思想史を貫く二つの大きな流れといえる。ナーガールジュナが後者に近い位置にいたとすれば、前者に与《くみ》するのは初期仏教〔最近の欧米の学者のなかには「主流仏教」〔Mainstream Buddhism〕と呼ぶ人もいる〕のアビダルマの学僧たちであり、のちには大乗仏教の瑜伽行唯識派の学者たちである。

アビダルマ

ナーガールジュナがその鋭い批判の矛先を向けたのはアビダルマ〔阿毘達磨《あびだつま》、初期仏教の論部〕の仏教思想であった。ブッダの死後、仏教徒たちはまず彼らが聞いてきた仏説と戒律を結集《けつじゆう》したが、次に様々な機会に説き示された仏説を体系的に整理しようという試みが始まった。その成果がアビダルマである。彼らは、教説を記憶の便のために数項目ずつに整理した「論母表」〔マートリカー〕を作成し、さらにそれを用いて散説されていた無数の教義項目を一定数に整理統合していった。その結果、我々の経験世界を構成する基本的項目（それを彼らはダルマ〔法〕と呼ぶが）のリストを作成した。

例えば、ナーガールジュナの主たる批判の対象であったと考えられる「説一切有部《せついっさいうぶ》」（サルヴァースティヴァーディン、以下「有部」と省略）は、七十五のそのようなダルマのリストを保持していた（『世界の名著2　大乗仏典』所収、櫻部建《さくらべはじめ》「存在の分析」〔『倶舎論』第一章・第二章抄訳〕参照）。七十五のダルマは、まず五つのカテゴリーに分類される。

（一）物：色・声・香・味・触の五境、目・耳・鼻・舌・身の五根、「無表」という目に見えない業物質、計十一種。

（二）心（一種であるが、目・耳・鼻・舌・身・意の六識と思考器官に相当）

（三）心作用：感受・志向・想念など四十六種。

（四）物でもなく心とも無関係の存在：単語・文章・音節・生命機能・同類性など十四種。

（五）因果関係を離れた存在（無為法）：二種の滅と虚空（空間）。

これらの諸法は、それぞれ独自の「本質（自性、スヴァバーヴァ）」をもつと考えられる。例えば、物のなかの「触」（所触性）の下位分類を構成する地水火風の四元素は、それぞれ「堅さ」「湿りけ」「暖かさ」「動き」を本質としている。経典のなかで、たとえ別々の名前で呼ばれていても、同一の本質を共有する項目は、同一のダルマと見なされるが、本質を異にする項目は、別々のダルマと見なされる。諸法は、未来から現在へ、現在から過去へと、その境位を刻々と変えていき、その意味で「刹那滅」であると言われるが、三世にわたってその本質は永遠不変である。

アビダルマ哲学者たちは、我々の言語活動に二つのレベルを認めていた。彼らは、おそらく鳥が鳴き、花が咲く世界を前にして、「鳥が鳴く」「花が咲く」というのは「日常言語」（世《せ》俗諦《ぞくたい》）としては正しいが、「分析的言語」「ダルマの言語」（勝義《しょうぎ》諦《たい》）としては正しくない、と考えることであろう。例えば、「鳥」や「花」などというダルマは存在しないからである。鳥や花の目に見える色や形は「色」という独自のダルマである。鳥の鳴き声は「声」、花のもつ芳香は「香」というように、ほんとうに実在するのはダルマであり、鳥や花は複数のダルマから構成される仮《か》象《しょう》にすぎないというのが、彼らの基本的な立場である。

日常言語の世界とダルマの世界、世俗の世界と勝義の世界、仮象と実在という区分は、プラトンの「二世界論」を想起させるが、大きな違いもある。洞窟の中で壁に映る影しか見ることができない囚人たちとは違って、アビダルマ哲学では、我々は実在するダルマである色を見、音を聞いているのである。ただ、通常そのような経験をことばで言い表すとき、「鳥」や「花」などの表現を使ってしまう。また、それでなければ世間一般の言語活動は成立しないのである。

経験世界を構成要素に分析しようというアビダルマ哲学者の姿勢は、一種の還元主義であるが、第二章で紹介したヴァイシェーシカ学派の自然哲学、そしてそのカテゴリー論と軌を一にするものである。初期仏教の各部派のなかでも、有部は、いち早く使用言語を庶民のことばであった中期インド諸方言から古代インドの雅語、学術語である梵語へと変更し、同じく梵語を使用するインド哲学諸派との交流を容易にした。その結果、有部のアビダルマは、原子論の採用に象徴されるように、ヴァイシェーシカ学派の影響を強く受けたことが想像される。両派のカテゴリーの下位分類のなかには共通するものが少なくない。有部とヴァイシェーシカ学派は、古代インド哲学における一つの流れ、すべての整合的な観念にはそれに対応する実在があるという、範疇論的実在論の考えを共有しているのである。ナーガールジュナが登場する少し前、二～三世紀頃には、有部教学の集大成である『アビダルマ・マハーヴィバーシャー』（大毘婆沙論《だいびばしゃろん》）が成立している。

アビダルマ哲学は、単なるダルマのリストに尽きるものではない。必ず、そのリストに列挙されたダルマとダルマとの間の関係を論ずる「因果論」を含んでいる。最も完成された有部のアビダルマ論書、ヴァスバンドゥ（世親《せしん》、五世紀）の『アビダルマ・コーシャ』（倶舎論）などを見ると、ダルマのリストによる「存在の分析」に始まり、人間存在と環境世界を扱う「宇宙論」、業・煩悩から智恵・禅定《ぜんじょう》の修習・聖者の境地までを扱う「修道論・解脱論」というように、仏教教義が整然と組織化されている。フラウワルナーの指摘した、インド哲学体系の四つの構成要素（認識論・存在論・宇宙論・解脱論）のうち、認識論・論理学を除く全分野をカバーしていることは、アビダルマが初期インド仏教の哲学的体系への変身を記録したものであることを明証している。

範疇論的実在論批判

「存在とは、対象となってその知を生み出すものである」と考え、未来や過去のダルマも今まさに思索の対象とされる限りは、現在のダルマと同じように存在しているという独特の「三世実有説」を説いた有部のアビダルマ哲学者にとって、ダルマの本質とは、まさにダルマの三世にわたって変わらず実在する自己同一性のことである。鳥や花は刻々と成長していっても、赤い鳥の赤色というダルマの本質は不変である。

このような本質は、かつて井筒俊彦が『意識と本質』（岩波文庫、一九九一年、三九～四二頁）で「ものの個的リアリティー＝個体的〈本質〉」から区別した「人間の意識の分節機能によって普遍者化され一般者化され、さらには概念化された形で」提示される「普遍的〈本質〉」、イスラーム哲学の「マーヒーヤ」（特殊的意味での本質）と相通じるところがあるのではないだろうか。一方、井筒の「個体的〈本質〉」、イスラーム哲学の「フウィーヤ」（一般的意味での本質）は、「徹底的に個的な実在性」、「一切の言語化と概念化とを峻拒する真に具体的なXの即物的リアリティー」であり、「本質」という表現を別にすれば、ナーガールジュナの言う「言語的多元性を超越した実在」に対応するように思う。

井筒は同書の終わり（三一〇頁以降）にヴァイシェーシカ学派・ニヤーヤ学派の存在論を取りあげて、「普遍的〈本質〉の実在性を主張する典型的な立場」と理解している。インド思想を専門としないが、稀代の碩学の明察である。そして、「ことばと実在の乖離」という基本的視座に立つナーガールジュナは、井筒の言う「普遍的〈本質〉」を「仮構の〈本質〉」として徹底的に批判したのであった。

ナーガールジュナにとって、有部の「ダルマの存在論」もヴァイシェーシカ学派の「カテゴリー論」も、インド的「範疇論的実在論」として等しく攻撃の対象となったのである。ところで、ナーガールジュナの「実在の世界」は、決して我々の常識的な意味での現実世界ではない。「すべては縁起するがゆえに、本質をもたず、空である」と言われるように、まず「縁起の世界」である。すなわち、ナーガールジュナにとってもすべての存在は原因があって生じてきたものであり、原因がなくなれば滅していくものである。この限りにおいて、彼は「縁起説」という仏教教義を否定するものではない。彼が拒否するのは、アビダルマ哲学者のように、縁起の事実を「ダルマのことば」で記述し、本質を介して概念的に固定化してしまうことである。ただあるのは刻々と生々流転する因果の連鎖であり、それは世間のことばにせよ、ダルマのことばにせよ、言語的に固定化することはできない、というのがナーガールジュナの基本的な考えであろう。

したがって、この世界は「空」である。「空」とは決して「無」ではないと、ナーガールジュナは明言する。すべては夢幻のごときものであると彼は言う。それは決してすべては無であるということではない。あたかも、幻術師によって仮作された幻人が別の幻人と踊ったり、争ったりするように、空なる原因が空なる結果を生み出すと考えられているのである。すべてのものは永遠不変の本質などもたないがゆえに変化も作用も可能なのである。

ナーガールジュナは、たいへんラディカルな思想家であった。当時の仏教哲学の常識をすべて否定して、臆するところがなかった。輪廻や涅槃《ねはん》も、彼にかかると、我々の妄想の産物にしかすぎないことになる。その意味で輪廻も涅槃も否定される。しかし、人が生まれてきて、死んでいく、生死の事実そのものを否定するのではない。また、空性を自覚して輪廻を超越する可能性を否定するものでもない。ただ、輪廻も涅槃も空であるというナーガールジュナの姿勢は、輪廻や涅槃のプロセスを理論化し、記述することに努めた有部や瑜伽行唯識派の姿勢と厳しく対立するものであったに違いない。

ナーガールジュナの仏教外の論敵は、だれよりもヴァイシェーシカ学派であったはずである。したがって、彼とほぼ同時代に、ニヤーヤ学派がヴァイシェーシカ学派の自然哲学を補塡する論理学派として登場してきたとき、大きな危機意識を抱いたのではないだろうか。彼は『ヴァイダリヤ論』という一書を著して、ニヤーヤ学派の「十六原理」を逐一すべて否定したのであった。以下、彼の批判の一斑を紹介して、当時の学派間の論争の一例とする。その際、ナーガールジュナ自身の帰謬論法を明らかにするとともに、その論理的な問題点も明らかにしたい。

『ヴァイダリヤ論』

ナーガールジュナは、『ニヤーヤ・スートラ』第一篇に見られる十六原理の定義をかなり正確に引用しながら、いちいちの原理を否定していく。

『ヴァイダリヤ論』の冒頭に彼は「論理の知識にうぬぼれて論争したがる者がいるが、その慢心を絶つためにヴァイダリヤを説こう」と言う（以下、訳は『大乗仏典14　龍樹論集』中央公論社、一九七四年、所収の梶山雄一訳を用いる）。

まず、対論者であるニヤーヤ学派の者は、およそ議論をする者は十六原理を承認したうえでするべきであると、次のように言う。十六原理の訳語が、これまでの『ニヤーヤ・スートラ』の訳語と少しずつ異なるが、原語は同じである。

「すべての論者はかならず、認識方法・認識対象・疑惑・動機・喩例・定説・（論証式の）要素・帰謬的思考・決定・論争・論駁・無意味な反論・誤った理由・詭弁・誤難・敗北の状態（という論理学の十六項目）を承認したうえで論議するのであるが、（すべてのものの）空性を語る（中観論）者たちは、ものに執着しないという理由で、認識方法をはじめとする項目を認めない」（梶山訳、一八七頁）

以下、認識方法と認識対象（＝知識手段と知識の対象）に関して、ナーガールジュナとニヤーヤ学派との間の長い討論が記録されている。同様の討論は、ナーガールジュナの別の論書『廻諍論《えじょうろん》』（『大乗仏典14　龍樹論集』所収、梶山雄一訳参照）にもあるが、さらに『ニヤーヤ・スートラ』第二篇第一章にも見いだされる。

同一テーマに関するパラレルな議論が、論争当事者のそれぞれの論書に記録されているということは、インド思想史上でも希なケースである。おそらく、類似の議論が実際に行われたと想像してても間違いはないであろう。もちろん、論争の記録の常として、それぞれが自分の側の勝利でもって記録を終えている。ナーガールジュナの批判に呼応する『ニヤーヤ・スートラ』の反論は、のちに見ることにする。

相互依存の誤謬

ナーガールジュナは、まず以下のように認識方法と認識対象に「相互依存」の誤謬があることを指摘する。

> 認識方法と認識対象との二つは混じりあっていて（区別できない）。（一）

ここで、認識方法とその対象との二つは混淆していることが認められる。というのは、対象があるときにはじめて認識方法は認識方法となるのであるし、逆に認識方法があってこそ認識対象は対象となるのである。そういうわけで認識対象によって認識方法は成立し、認識方法によって認識対象は成立する。だから、認識方法は認識対象（によって証せられるもの、したがってそ）の対象となるし、認識対象も認識方法（を証するもの、したがってそ）の認識方法となってしまう。（その二つは）相互に依存してのみ自体を得るわけであるから、認識方法といっても（それは方法でもあり対象でもあるという）二相をもち、認識対象も

（対象でもあり方法でもあるという）二相あるものとなる。つまり、二つは混淆しているのである。したがって、

二つは自立的には存在はしない。（二）（梶山訳、一八七～八頁）

要するに、相互依存する二つのものは独立したカテゴリーとして認められないということであろう。これは一見意味のある議論のように見えるが、子細に検討すると一種の「詭弁」であると言わなければならない。

認識方法としての知覚を、ニヤーヤ学派は「感覚器官と対象との接触」と定義するから、認識対象がなければ認識方法はありえないと言えるが、逆に認識方法がなければ認識対象はありえないとは、少なくとも存在論のレベルでは言えないはずである。

ただし、認識方法がなければ認識対象は知りえないという認識論のレベルでは、認識対象が認識方法に依存すると言うことはできる。しかし、逆はまた成立せず、認識方法の存在は認識結果によって知られるのである。

そして、両者の相互依存はただ言語的なレベルでのみ成立する。すなわち、認識対象がなければ、あるものは「それを認識する方法」とは呼ばれず、逆に認識方法がなければ、別のものは「その対象」とは呼ばれないからである。

ナーガールジュナが同趣旨の『廻諍論』第四九～五〇偈《げ》に挙げる「父と息子のたとえ」は、彼の意図に反して、「父」と「息子」のように相互依存する二つのことばの指示する二つの対象が独立に存在しうる恰好の例であろう。したがって、認識方法と認識対象は、たとえことばのレベルで相互依存するとしても、「自立的には存在しない」とは言えないはずである。

もっとも、相手が、ことばと実在との間に一対一の対応関係を認める範疇論的実在論の立場に立つニヤーヤ学派であるからこそ、ナーガールジュナの批判は有効であると考えることができる。

帰謬法

次に、ナーガールジュナは、認識方法と認識対象が「他に依存する」と仮定して、以下のような誤謬を指摘する。

存在しているものと存在しないものとの二つは、（他のものに）依存するものではない。（三二）

たとえ（他に）依存して成立しているとしても、（それは）存在するものか、存在しないものか、（その二性質を合わせもつ）両性者かであろう。そのうちまず存在するものは、すでに存在しているのだから、（他のものを）必要とするものではない。というのは、（たとえば）存在している壺は他のものである粘土などを（さらに）必要としない。また存在しないものも、まさに存在しないのだから、（他のものを）必要としない。（もしそうでなければ、実在しない）兎の角なども（他のものを）必要とするという誤りに陥るであろうからである。そして、両性者も（上述の）二つの欠点をそなえるわけであるから、（他のものを）必要としない。（梶山訳、一八八～九頁）

ここでナーガールジュナは「話の世界」を存在・非存在・両者の三領域に区分し、認識方法にせよその対象にせよ、何か他に依存するものが、その三領域のいずれに所属しても、「他に依存しない」という望ましくない結果（＝自己矛盾）をもたらすことを示している。のちにこれは「プラサンガ」あるいは「プラサンガーパッティ」と呼ばれるようになるが、一種の「破壊的帰謬論証」である。また、「話の世界」を三分している点に着目すると「破壊的トリレンマ」と呼ぶことができよう。後に見るように、ナーガールジュナはほかに「破壊的ディレンマ」や「破壊的テトラレンマ」も用いている。

論詰と詭弁

ナーガールジュナの議論の大部分は、この帰謬論証である。彼は明らかにニヤーヤ学派などの用いる五支論証を知っているにも拘らず、敢えてそれを使おうとはしない。ただし、積極的な論証をしないからといって、彼に主張がないわけではない。「一切は空である」と主張するために、それに対立するテーゼをひとつひとつ帰謬法によって否定して、結果的に、間接的に自己の主張を確立しているのである。

このようなナーガールジュナの姿勢は、『ニヤーヤ・スートラ』などで言う「論詰」の一種と見なされるであろう。したがって、直前に見たように、彼が「詭弁」を用いることはインド問答法の原則からして十分許されるのである。『ニヤーヤ・スートラ』(一・二・二)は「論諍」、したがって、その下位分類である論詰において詭弁・誤った論難・敗北の立場を用いることを許しているからである。

ナーガールジュナ自身、のちに『ヴァイダリヤ論』において、対論者から「君はすべてを詭弁によって語っているのであって、真実としてではない」と言われて、論争に詭弁はつきものであると答えている。

そうではない。すべての答えに（詭弁は）つきまとうからである。（六七）

この問題は（君の言う）そういう事柄ではない。だれかが何か答えを述べるならば、それはすべて詭弁となってしまう。（梶山訳、二二六頁）

ナーガールジュナが「存在」「非存在」の他に挙げる「両性者」、つまり「存在かつ非存在であるもの」は多少の説明を必要とする。

真偽二つの論理的価値しか認めない立場では、「存在かつ非存在」とは、「Aは同時に非Aではない」という矛盾律に反する、単なる自己矛盾であり、この世にありえないもの、考えられないものである。ただし、それは「非存在」の否定辞「非」を「Aでも非Aでもないものはありえない」という排中律、Aと非Aは相補的関係にあり、あわせて我々の「話の世界」（全論理空間）を構成するという理解を前提としているからである。

二種の否定

ここで、古代インドの文法学者たちが二種類の「否定概念」をもっていたことに注意しなければならない。そのひとつは、排中律を前提とする否定であり、「相対否定」（パリウダーサ）と呼ばれる。あとひとつは、排中律を前提としない否定であり、「純粋否定」（プラサジュヤ・プラティシェーダ）と呼ばれる。

相対否定とは、例えば

「ここにはバラモンでない人がいる」

と言われるとき、「バラモンでない」という否定を介して、ここにバラモン以外のクシャトリヤかヴァイシュヤかシュードラがいることが意図されているような場合である。つまり、Aの否定が非Aの肯定を含意している場合である。

梵語の統語法では、このような否定は「バラモン」などの名詞に前接されるので「名辞の否定」とも呼ばれる。

一方、純粋否定とは、例えば

「ここにはバラモンがいない」

と言われるとき、ただ単にバラモンの存在が否定されるだけで、それ以外のクシャトリヤなどの存在が積極的に意図されていない場合である。つまり、Aの否定が非Aの肯定を含意しない場合である。その場にクシャトリヤなどが必ずいるとは限らない。バラモンはいないがクシャトリヤなどがいるケースと、バラモンもクシャトリヤなどもいないケースという二通りの場合がありうると、暗に示唆されているのである。

このような否定は「いる」などの動詞に付与され、文全体を否定するので「命題の否定」とも呼ばれる。

四句分別

ナーガールジュナは、先行するアビダルマの学者たちから「四句分別《しくふんべつ》」（テトラレンマ）と呼ばれる、我々の「話の世界」を四分割して、四つの命題を構成する方法を受け継いでいる。存在と非存在を述語と見なして、四句分別を作ると次のようになる。

（一）「xは存在である」
（二）「xは非存在である」
（三）「xは両者（＝存在かつ非存在）である」
（四）「xは存在でも非存在でもない」

さらに、（一）（二）をそれぞれ「xは存在であるが、非存在ではない」「xは存在ではないが、非存在である」と書き換え、「存在」をa、「非存在」をbで表せば、四句の述語はそれぞれ

{a.-b}　{-a.b}　{a.b}　{-a.-b}（マイナス記号〔－〕は相対否定を示す）

に相当して、ヴェン図（図一参照）の四つの領域を占めることになる。この場合の否定辞は、排中律を前提とする「相対否定」である。

ところで、「非存在」という表現の否定辞「非」をやはり「相対否定」として理解すれば、四句の述語は

｛a. −−a｝ ｛−a. −a｝ ｛a. −a｝ ｛−a. −−a｝

と表されることになる。

さらにこれに ｛−−A = A｝ という「二重否定律」を適用すると、

｛a.a｝ ｛−a. −a｝ ｛a. −a｝ ｛−a.a｝

図一

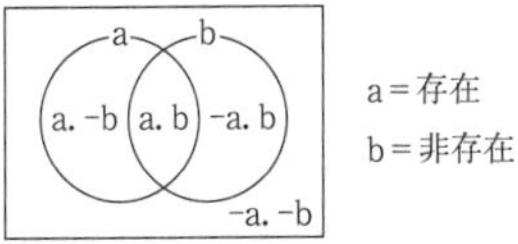

｛a. −b｝＝存在し、非存在ではないもの。
｛−a. b｝＝存在ではなくて、非存在のもの。
｛a. b｝＝存在かつ非存在のもの。
｛−a. −b｝＝存在でも、非存在でもないもの。

さらに

｛a｝ ｛−a｝ ｛a. −a｝ ｛a. −a｝

と書き換えられる。その結果、第三句と第四句の述語は同価値となり、独立した命題と考えられないし、そもそも矛盾律に抵触して無意味である。このような困った結果を避けるために、現代のナーガールジュナ研究者によって、しばしば彼は矛盾律や排中律を認めない「非正統的論理学」(Deviant Logic)を使用していたと主張される。

右のような論理的困難を解決する別の方法は、「非存在」の「非」という否定辞を「純粋否定」として理解すること

である。その場合、相対否定の記号｛-｝と区別して、「純粋否定」を表す別の記号｛~｝を使用する必要がある。そうすると、先の四句の述語はそれぞれ

（a.-~a｝｛-a.~a｝｛a.~a｝｛-a.-~a｝

となる。｛-~A＝A｝という二重否定律は成立しないと規定すると、「非存在」の「非」を相対否定と理解した場合のような問題は一切生じず、四句の述語はそれぞれ有意味となるはずである。このように第二の否定という理解を導入することによって、

｛A＝T,-A＝F,~A＝I｝（Tは真、Fは偽、Iは真偽不定）

という三つの価値を認める、一種の「多値論理学」としてナーガールジュナの議論を解釈する可能性が示唆される。

しかし、彼の議論の主たる目的は新たな論理学の構築にあるのではない。あくまで対論者の議論を矛盾に導いて、自己の主張を宣揚することにあった。

いずれにせよ、ナーガールジュナが矛盾律や排中律を一切認めなかったという一部の研究者の主張は正しくない。少なくとも、相対否定のレベルではこれら二つの論理的原則はしっかり遵守されているからである。

破壊的トリレンマ

それでは、ここでナーガールジュナは「存在」「非存在」「存在かつ非存在」という語で何を理解しているのであろうか。それらはそれぞれ「過去」「未来」「現在」という三時に対応していると考えたい。

（1）「存在」とは「すでに生じたもの」（＝過去）に対応する。

（2）「非存在」は「未だ生じていないもの」（＝未来）に対応する。

（3）「存在かつ非存在」とは、ある意味では「存在」であり、ある意味では「非存在」である「今まさに生じつつあるもの」（現在）に他ならない。

このように「存在」と「非存在」以外に「存在かつ非存在」という第三の可能性を認める否定辞は「純粋否定」として理解されなければならない。

なお、時間の分析は過去・現在・未来の三時に尽きるから、「存在でも非存在でもないもの」という第四句の述語は、目下の議論の対象とはならないのであろう。また、ナーガールジュナはブッダの説いた「中道」を「存在と非存在の両極端を離れた中道」（離辺中道）と規定するから、「一切は存在でも非存在でもない」というのが彼の立場であり、それは否定の対象とはならなかったと考えることもできる。

『ヴァイダリヤ論』（三）に戻って、その破壊的トリレンマを整理すると、次のようになろう。

（一）もし認識方法がすでに存在しているとすれば、それがさらに生じるために他に依存することはないはずである。しかるに、認識方法は認識対象に依存すると言われる。

（二）もし認識方法が未だ存在しないとすれば、そもそも存在しないものは他に依存することなどできない。しかるに、認識方法は認識対象に依存すると言われる。

（三）もし認識方法が現に生じつつあるとすれば、（一）（二）両方の誤謬が付随するから、他に依存することはない。しかるに、認識方法は認識対象に依存すると言われる。

認識方法は三時のいずれに属すとしても、他に依存することがないはずである。しかし、そのような帰結は、認識方法はその対象に依存するというニヤーヤ学派の定説と矛盾することになる。

つまり、ここでは、考えられるすべての場合を枚挙して、そのいずれの場合にも相手の主張は成立しないと指摘することによって、「認識方法もその対象も、存在とも非存在とも言えず、本質をもたず、空である」という自己の主張を間接的に論証しているのである。ただし、ナーガールジュナのこの議論にも問題がないわけではない。認識方法とその対象が依存関係にあるというのは、認識のレベルにおいてである。ところが、ここでは存在のレベルでそれぞれが他に依存しないことが、指摘されているだけである。したがって、

「依存」ということばの多義性を利用した詭弁であると言われても仕方がない。もちろん、彼はそのことを重々承知のうえで議論しているのである。

秤のたとえ

認識方法もその対象も自立的には存在しない、というナーガールジュナの批判に対して、ニヤーヤ学派（正理学派）は一つの比喩を引いて反論する。

このようにだれもが認める比喩を用いて自己の主張を正当化するのが、インドにおける論証の特徴である。その意味で彼らの論理学は「類比推理」であるという野田又夫の指摘は的を射ているのである。かつて、インド論理学を数理論理学の視点から分析した山下正男も喩例に注目して、「インド論理学がスタンダードな論理学と根本的に異なるもっともいちじるしい特徴は、その例示的証明法にあるということができるのである」と言っている（「北川秀則著『インド古典論理学の研究』を読んで」『哲学研究』第五一四号）。したがって、インドにおける論証の妥当性は、ひとえに喩例の適切性にかかるのである。

（対論者が）反論する。「ちょうど秤《はかり》などがなくてははかられるものをはかることができないように、認識方法なしには対象は認識されないのである」と。

（ナーガールジュナが）それに答えて言う。
然らず。（もしそうなら）無限遡及《そきゅう》に陥るから。（四）

もし「認識方法がなくては認識対象は成立しない」と（君が）主張するならば、認識方法そのものは（その根拠となる他の）認識方法がなくても（それ自身で）成立するのはどうしてなのか。（それに対する）特別な理由、あるいは（認識方法と対象との）相違性を君は説明しなければならない。

そして、もし君が「すべてのものは認識方法によって成立させられるのだ」と言うならば、もろもろの認識方法もそれ自身とは別な認識方法によって成立させられることになってしまう。認識方法そのものも「すべてのもの」に含まれているからである。（そうであれば、Aという認識方法はBという認識方法を要求し、BはCを……という次第で、無限に遡及することになる。）

もし「認識方法自身は（他の）認識方法によって成立させられ（る必要は）ない」と言うならば、「すべてのものは認識方法によって成立させられるのだ」という（君の）主張は破れる。（梶山訳、一八九頁）

「認識方法」の原語「プラマーナ」は、本来「ものを計量する手段・基準」という意味があるから、ニヤーヤ学派が「秤のたとえ」を挙げるのは至極当然である。

それに対してナーガールジュナは、認識対象が認識方法によって成立するとしても、認識方法そのものはそれとは別の認識方法を必要とするか否かというディレンマを突きつける。ここで「認識される」というニヤーヤ学派の表現が、意識的に「成立する」という存在論的な表現に言い換えられていることに注意しなければならない。このディレンマは、次のように整理されよう。

（一）もし認識対象は認識方法によって知られるが、認識方法は他の認識方法がなくても知られるとするなら、両者の違い、および、その違いを正当化する理由が説明されなければならない。しかし、そのような説明はない。

（二）もしすべてのものは認識方法によって知られると言うなら、認識方法は次々と別の認識方法によって知られるから、無限遡及に陥る。

そこで、認識方法だけは別の認識方法を必要としないと言うなら、自己の「提案の破棄」という「敗北の立場」（前章一三八～九頁参照）に陥る。

ディレンマのなかにさらにディレンマが含まれている、少し複雑な議論であるが、全体として「認識方法はいかにしても知られることはない」というニヤーヤ学派にとって望ましくない結論を導き出す破壊的なディレンマを構成している。

灯火のたとえ

これに対して、ニヤーヤ学派は、別の比喩を引いて、自説を弁護しようとする。

反論して言う。

「認識方法にはさらに（他の）認識方法は必要ではない。このばあい、灯火のように、認識方法はそれ自身をも他のものをも成立させるのである。（五）ちょうど灯火がそれ自身をも他のものをも照らし出すことが知られているように、もろもろの認識方法も、自をも他をも成立させるのである。そうであれば、無限に多くの灯火が必要になるなどという誤謬はありえない」（梶山訳、一九〇頁）

灯火が自他を照らし出すように、認識方法も自他を成立させる、すなわち知らしめるという議論である。認識が自分自身を知らしめるという考えは、後には認識は自分自身を知るという「自己認識」の理論に成長していくが、ニヤーヤ学派はその立場を取らない。自己認識理論を最初に確立したのは、仏教論理学者のディグナーガ（陳那）であった。

ナーガールジュナは、以下のような破壊的ディレンマを用いて「灯火のたとえ」を論破する。

灯火というものは、闇に触れ合うにせよ触れ合わぬにせよ、照らすはたらきをもちはしない。（六）

いったい灯火は闇と触れ合ったのちに照らすか、触れ合わずして照らすか（のいずれか）であろう。しかしまず、灯火は闇と触れ合ったのちに照らすことにはならない。（その二つの）触れ合いなどはないからである。というのは、灯火と闇とは対立的であるから、触れ合うことはない。灯火があるところには闇はないのであるから、どうしてその灯火が闇を除いたり、照らしたりしようか。

また触れ合わないとしても（灯火は闇を照らさない。それは対象に）触れ合わない剣が（対象を）切りはしないようなものである。（梶山訳、一九〇頁）

光が闇と触れ合うか否かという議論は、闇を対象に置き換えれば、光源体からでた光線が対象で反射して、視覚器官に到達するとき、対象が見える、という我々の常識からほど遠いものではない。ただし、光と闇をこのように実体的に捉えるのには抵抗があるかもしれないが、有部のアビダルマでは「光」も「闇」も物質というカテゴリーの下位分類の「色形《いろかたち》」の一種であり、いずれも実在するダルマである。

ナーガールジュナは、一方で灯火と闇とは同一場所に同時に共存しえないという視点から、両者の触れ合いを否定するが、他方、もし触れ合わなければ、灯火に闇を排除するという効果的作用が期待されないことを指摘する。いずれにせよ灯火の照明作用は不合理だという望ましくない結果になる。

これに対して、ニヤーヤ学派は、さらに別の比喩を用いて、自説を弁護する。すなわち、「星の害と同じように、灯火は闇に触れ合わなくても闇を照らすであろう」と反論する。「星の害」とは、インドの占星術師たちの考えであろう。例えば、後代の占星術書、ヴァラーハミヒラ（六世紀）の『占術大集成』（矢野道雄・杉田瑞枝訳、平凡社、東洋文庫、一九九五年）は、太陽や惑星が天災や人災に及ぼす影響を詳細に論じている。

さて、ナーガールジュナは、「そうではない。（その）たとえとは一致しないからである」（七）と言って、「星の害のたとえ」と「灯火のたとえ」のあいだに整合性がないことを様々な視点から指摘する。例えば、星そのものは被害を受ける人間に触れないとしても、戦争における負傷などの実際の災難（＝害）はなんらかの接触によってもたらされる。その点が灯火の場合とは違うというわけである。さらに言う。

また、もし灯火が（闇に到達し）触れないで照らすはたらきをするならば、この場所に存在する（灯火）だけですべての山の洞窟のなかにある闇を除いたり、照らしたり

するでもあろうが、世間ではそのようなことは見られもしないし、認められもしないのである。(梶山訳、一九一頁)

これは、灯火が闇に触れずに照らすと仮定した場合の、誤りを指摘する、帰謬論法である。

次にナーガールジュナは、そもそも「たとえ」は、世間一般の人々と学者とが等しく認めるものでなければならないという『ニヤーヤ・スートラ』の定義に言及したうえで、「闇」については、それは『光の欠如』にすぎないと言う学者がいれば、何らかの実体であると言う学者もおり、意見が一致しないから、「灯火のたとえ」は適切なたとえではないと言う。そして、たとえが適切ではないから、たとえられている認識方法も成立しないと結論する(『ヴァイダリヤ論』八)。

最後に、灯火はそれ自身を照らすものではないことを、以下の二つの理由から指摘する。

(九)灯火はそれ自身を照らすものではない。(灯火のなかには)闇が存在しないから。

逆もまた可能になるから、闇もそれ自体を覆うものとなるであろう。(一〇)(梶山訳、

一九二〜三頁）

三時不成の論理

ナーガールジュナは、次に、認識方法とその対象との間の時間的前後関係を手がかりとして、その両者を否定する破壊的なトリレンマを提示する。この「三時不成《さんじふじょう》」の論理は、彼の最も愛好した否定の論理である。後に『中論頌』第二章にもとづいて詳しく紹介することにしたい。

認識方法と認識対象とは三時において成立しない。（一一）

認識方法は認識される対象より先にあるか、あとにあるか、あるいは認識方法と認識対象とは同時にあるか（のいずれか）であろう。

そのうち、もし認識方法が認識される対象よりも先にあるならば、そのばあい前者は後者にとっての認識方法であるといわれるが、その（後者たる）認識される対象は（まだ）存在していないことになる。そうであるならば、（それは）何についての認識方法であり、何が（その）認識方法によって決定されるのであるか。

またもし、（認識方法がその対象より）あとにあるとするならば、すでに認識対象が存在しているときに何がその認識方法となるであろうか。というのは、まだ生じていないものがすでに生じおわっているものの認識方法となるわけはないからである。（さもなければ）兎の角（のように存在しないもの）なども、認識方法となってしまうという誤りに陥るからである。また、生じていないものと生じおわったものとは同時に存在しないからでもある。

またもし、「（両者が）同時にある」と言うとしても、それは不可能である。例えば、同時に生じて（併存する）牛の二つの角が原因と結果として（関係すること）は不合理であるようなものである。（梶山訳、一九三〜四頁）

インド認識論において、認識対象と認識方法の間の時間的前後関係については、二つの理論がある。まず、ニヤーヤ学派や有部のように、両者は同時に存在するという考えである。一方、アビダルマ論者のなかでも有部の分派である経部や仏教論理学者のディグナーガ、ダルマキールティは、対象は認識の原因であり、必ず結果より時間的に先行すると考えている。

ナーガールジュナはそのような認識論の問題を意識していたのであろうか、右のトリレンマを次のように解釈することが可能である。

（一）もし認識方法がその対象より先にあるならば、それは「認識方法」とは呼ばれない。ただし、これはことばのレベルの問題であり、他の二つのレンマとは性格を少し異にする。

（二）もし認識方法がその対象よりあとにあるならば、先に存在する対象と同時に存在して、しかもそれを捉える直接的な認識方法は何か。

これは、有部から経部への問いとも理解できる認識論の問題である。

（三）もし両者が同時に存在するならば、その間に因果関係はありえない。

これは、逆に経部から有部やニヤーヤ学派への批判とも理解される。知覚の因果論を前提とした認識論的議論である。

ナーガールジュナは、珍しく同レベルで議論を展開し、詭弁を弄してはいない。しかし、もちろんこの認識論のいずれかの立場に与するものでもない。おそらく対立する諸学派に互いに相手を批判させて、認識方法も認識対象も「空」であるという自分の主張を導出しようというのが、彼の意図するところであろう。

これに対して、ニヤーヤ学派は逆襲する。

認識方法と認識対象とが三時において成立しないのだから、（君の）否定も妥当

でない。（一一）

（中略）君の行う、認識方法と対象との否定というものも、否定されるべき対象に対して先にあるか、あとにあるか、同時であるかのいずれかであろうが、その否定も（認識方法と同じ理由で）三時に成り立たない。否定されるべきものが存在しないのだから、君のことばもどうして否定するものとなりえ、どうしてそれによる否定がありえようか。

またもし、（君が）「否定は成り立つのだ」と言うならば、三時における吟味の内容が等しいものである以上は、認識方法と認識対象も成り立つはずであるし、あるいは（それを認めないときには君は二つのばあいの）相違を説かねばならないのである。

このようにして、この否定される対象と否定する主体とが三時に成り立たないならば、そのときには、否定（という作用）もありえない。（梶山訳、一九四〜五頁）

三時不成の論理を、そっくりそのままナーガールジュナのその「否定」に適用して、否定も三時において成立しないと論じている。したがって、否定の対象である認識方法やその対象は成立することになる。一方、ナーガールジュナが否定は成立すると固執すれば、同様にニヤーヤ学派も認識方法などは成立すると固執できるはずである。

これに対して、ナーガールジュナは反論する。

否定が成り立つならば、認識方法と認識対象とがまた成り立つ、と言うことは正しくない。先に（君は自己の非を）承認したのだから。（一三）

もし（君がいったん）認識方法と認識対象とが成り立たないことを承認した以上は、承認したその同じときに論争は終わったのである。（一四）（梶山訳、一九五頁）

ニヤーヤ学派が「対論者の批判を認めること」という「敗北の立場」（第三章一四五頁参照）に陥ってしまったことを指摘して、論争の終結を宣告している。これも、先述の「提案の放棄」と同様に、ナーガールジュナが、こと論争に関する限りは「問答法のマニュアル」にしたがって議論していることを明示するものである。論争に勝利するためには、自分が作った勝手なルールではなく、相手も認める共通のルールに則って戦わねばならなかったのである。

ここで、ニヤーヤ学派が「認識方法とその対象という否定される対象がないならば、それらの否定ということもないだろう」と反論すると、ナーガールジュナは「実在しないものについての想像を除去するのであるから、否定は正当化される」と答えている（『ヴァイダリヤ論』一五)。例えば、あまり深くない河を前にして、「この河はきっと深いに違いない」と恐れる人の、そのような間違った想像を除去するために、「ここには深い河はない」と否定するように、ナーガールジュナの否定も否定されるべきものを仮に立てておいて、それを否定する、「仮言的な否定」である点を明らかにしている。

四種の認識方法

最後に、ニヤーヤ学派は、知覚・推理・証言・比定という四種の認識方法は、対象を認識するために必要だから存在すると論じる。「論理より便利」という論法である。

しかし知覚をはじめとする(四種の認識方法は)存在する。なぜかというと、(認識方法によって対象を)正しく理解するからである。(一六)

この世間では、知覚によって対象を認識してから、なすべきこととなすべからざること(という観念)を属性としてもつ知識が正しく理解されるのである。その他(の推理・証言・比定という認識方法)についても同様である。だから、認識方法と認識対象とは存在する。(梶山訳、一九七頁)

ナーガールジュナは、これを批判していう。

知覚など（の認識方法）が仮にあるにしても、認識対象は合理的ではない。（一七）

（梶山訳、一九七頁）

「知覚」（プラティヤクシャ）という語は、「感覚器官（アクシャ）に直面しているもの（プラティ）」と語義解釈されて、認識方法としての知覚の他に、知覚される対象をも意味しうる。ナーガールジュナは、この点に着目して、壺などの対象も「知覚」であり、認識方法であるから、認識対象などありえない、と結論している。これは、もちろん『ニヤーヤ・スートラ』でいう、ことばの多義性を利用した「言語上の詭弁」（第三章一四七～八頁参照）である。

一方、「推理」に関しては、推理の結果としての推理知の内容と推理の対象は同じであるから、推理とは別にその対象はないと指摘している。「推理の対象とは何か」というのは、インド認識論の重要な課題の一つであり、ディグナーガや彼以降のニヤーヤ学派の学者たちの間で、激しい論争が展開されることになる。

いずれにせよ、ナーガールジュナは、認識方法とその対象にどのような区別があるのかという問題提起をしているのである。これに対して、ニヤーヤ学派は「壺のばあいには壺についての知識が認識方法であり、壺は認識対象である」と答えるが、ナーガールジュナは次のように批判して、この一連の論争に一応の決着を付ける。

（壺は）原因となっているのであるから、知識でもないし知られるものでもないのである。（一八）

知識は認識方法ではない。（君の学派はそれを）認識対象である、と語っているからである。（一九）（梶山訳、一九八頁）

『ニヤーヤ・スートラ』（一・一・四）の知覚の定義によれば「感官と対象との接触によって知識が生じる」のであるから、壺という対象は知識の原因であって、認識方法（＝知識）でもその対象でもない、という議論である。さらに、『ニヤーヤ・スートラ』（一・一・九）の認識対象の枚挙に言及して、知識は認識対象の一つであって、認識方法と見なされていないことを指摘している。かくして、ナーガールジュナは、「認識方法とその対象の二つとも存在しない」と結論するのである。

以下、ナーガールジュナは「疑惑」から「敗北の状態」までの十四原理を逐一取りあげて批判するが、その詳細は省略する。なお、「論争」（＝論議）に関して、ニヤーヤ学派が、『ニヤーヤ・スートラ』（一・二・一）を引きながら、ナーガールジュナも反主張を提起している以上は「論争」という原理を認めるべきであると反論するのに対して、彼は「論争は存在しない。ことばとその対象とが存在しないから」（『ヴァイダリヤ論』五一）と答えている。その根拠は、ことばと対象との間には同一性にせよ別異性にせよ、関係がありえないからである。

ニヤーヤ学派が「ことばとその対象との関係は、契約にもとづく言語習慣である」と反論すると、ナーガールジュナは「それは正しくない。最高の真実が（目下の）考察の主題であるからである」（『ヴァイダリヤ論』五二）と反駁する。そして、単に世間の言語習慣にすぎないニヤーヤ学派の「十六原理」の理解によって解脱があるとすれば、誰でも解脱できるということになってしまう、と問題を指摘する。そこからは、十六原理は最高の真実ではない、最高の真実は言語表現を超えたものである、というナーガールジュナの主張が浮かび上がってくるのである。

『ヴァイダリヤ論』の末尾に、ニヤーヤ学派は再度「認識方法などの否定されるものと同じように、否定もまたないのである」と反論するが、ナーガールジュナは答えていう。

二つとも認めてはいないからである。その（否定）も成り立たないというのならば、成り立たないでもかまわない。（七二）
真実に従って説いたのである。ことばというものさえ存在しない。（七三）（梶山訳、二二九頁）

「真実とは現実とことばの乖離である」と示すことによって、インドにおける範疇論的実在論を論破するという彼の永遠のテーマを明示する結論である。

『ニヤーヤ・スートラ』第二篇第一章──「三時不成の論理」批判

既に述べたように、『ヴァイダリヤ論』とほぼパラレルな討論が『ニヤーヤ・スートラ』第二篇第一章に記録されているので、それを紹介することにする。まず、ナーガールジュナと思われる反論者が「三時不成の論理」によって、次のようにニヤーヤ学派を批判する。

知覚などは確実な認識方法（プラマーナ）ではない。三時において成立しないからである。（二・一・八）

実に、（認識される対象よりも）先に認識方法が成立するなら、感覚器官と対象の接

触から知覚が生じる（という『ニヤーヤ・スートラ』一・一・四の定義は正しく）ないことになろう。（二・一・九）

もし（認識される対象よりも）後に成立するなら、もろもろの認識方法によって認識対象が成立する（という世間の常識は正しく）ないことになろう。（二・一・一〇）

もし（両者が）同時に成立するなら、知識はそれぞれの対象によって限定されているから、（同時的にではなく）順次に活動を起こす（という『ニヤーヤ・スートラ』一・一・一六の定説は正しく）ないことになろう。（二・一・一一）

個々の帰謬の内容は異なるものの、先に『ヴァイダリヤ論』（一二）などで見たナーガールジュナ特有の破壊的トリレンマである。これに対してニヤーヤ学派は、『ヴァイダリヤ論』（一二）などに見られる、次のような反論を提示する。

（そのようなナーガールジュナの）否定も、三時において成立しないから、不合理である。（二・一・一二）

ニヤーヤ学派は、さらに次のような破壊的ディレンマによってナーガールジュナの「認識方法」批判に反撃する。

また、（ナーガールジュナは）すべての認識方法を否定するから、彼の否定そのものも不合理である。（二・一・一三）

あるいは逆に、（ナーガールジュナが）その（否定は）認識方法であると認めるなら、すべての認識方法が否定されたことにはならない。（二・一・一四）

もしすべての認識方法を否定するなら、その否定そのものも認識方法ではありえないから、説得力がなくなり、否定されるはずの認識方法が逆に肯定されることになる。一方、もしこの否定だけは特別に認識方法として認めるというなら、「すべての認識方法を否定する」という本来の提案を破棄することになる。これは「敗北の立場」である。これは、『ヴァイダリヤ論』（四）のナーガールジュナの議論の裏返しであるが、類似の批判は『廻諍論』冒頭（第一〜五偈）にニヤーヤ学派の意見として紹介されている。

次に、ニヤーヤ学派は「楽器と音のたとえ」を用いて、先行する存在が後に生じる結果から推理・立証されることを明らかにして、ナーガールジュナの「三時不成」の論理を最終的に打破しようとする。

また、（ナーガールジュナによる認識方法の）三時における否定は（成立し）ない。（後に生じる）音によって楽器（の存在）が成立する（＝証明される）ように、それは（＝認識方法の存在は、その結果によって）成立する（＝証明される）からである。（二・一・一五）

これで『ニヤーヤ・スートラ』における「三時不成」をめぐるナーガールジュナとの論争は一応終わりである。認識結果がある以上は、それをもたらした方法およびその対象もなければならない、という至極常識的な立場にたてば、先行するものが後続するものによって成立する（ただし、その存在が証明されるという意味で）から、「三時不成」の一角が崩れることになるのである。もちろん、このような認識論そのものを承認しないナーガールジュナにとっては承服できない結論であろう。

一方、ニヤーヤ学派も『ヴァイダリヤ論』（一三～一四）においてナーガールジュナが指摘する、『ニヤーヤ・スートラ』（二・一・一二）のような反論は「対論者の批判を認めること」という「敗北の立場」に陥ってしまうという批判には答えていない。彼らがそのような批判の存在を知らなかったとは考えがたい。おそらく、それを無視して自らの認める認識論の土俵で決着を付けたのであろう。

「秤のたとえ」と「灯火のたとえ」

次に、『ニヤーヤ・スートラ』は、『ヴァイダリヤ論』（四）にも引かれる「秤のたとえ」に言及する。原文には異読もあり、幾通りかの解釈が可能であるが、ヴァーツヤーヤナの『注解』を参照すると、次のように理解される。

ところで、秤が、計量の手段であるのと同様に、計量の対象となることがある。（二・一・一六）

秤を使って金や銀の重さを量るとき、秤は計量手段であるが、すでに重さの分かっている金・銀を用いて、別の秤の精度を確かめるときには、秤は計量の対象である。これと同様に、認識方法とその対象といっても、両者の立場が入れ替わることがあるという主張である。

これはナーガールジュナが『ヴァイダリヤ論』（一～二）で認識方法とその対象は互いにまじりあって区別できないと批判したのに対する、ニヤーヤ学派の弁明として有効である。おそらくニヤーヤ学派も、元来は『ヴァイダリヤ論』（四）の「秤のたとえ」のように、認識方法を単純に秤にたとえていたが、ナーガールジュナの批判を受けてその解釈を変更したのではないかと想像される。

ここでナーガールジュナと思われる対論者は、『ヴァイダリヤ論』(四)と酷似する、次のような破壊的ディレンマを提出する。

(ニヤーヤ学派が)もろもろの認識方法が(別の)認識方法によって成立するというなら、(その別の認識方法も)さらに別の認識方法によって成立する(、したがって無限遡及に陥る)という望ましくない結果になるだろう。(二・一・一七)

あるいは逆に、それ(=別の認識方法の必要性)を否定するなら、認識方法が(別の認識方法によらずして)成立するように、認識対象も(認識方法によらずして)成立するはずである。(二・一・一八)

これに対して、ニヤーヤ学派は再び『ヴァイダリヤ論』(五)に引用される対論者の詩《し》頌《じゅ》に見られる「灯火のたとえ」を用いて、次のように反駁する。

灯火の照明のように、それ(=認識方法)は成立する。(二・一・一九)

ある場合には(認識方法が)活動を停止し、ある場合には活動を停止しないことが経

験されるから、(さらに別の認識方法が必要か否かは)不定である。(二・一・二〇)

このたとえも、先ほどと同様に、本来はナーガールジュナの著作におけるように、「灯火が自他を照らし出すように、認識方法も自他を知らしめる」という意味で理解されていたのであろう。おそらく、ナーガールジュナの批判を受けて、認識方法は時には他の認識方法を必要とし、時には必要としないという、『ニヤーヤ・スートラ』(二・一・二〇)のような解釈が登場したのではないだろうか。同スートラを本来の『ニヤーヤ・スートラ』の一部と見なさない伝承がニヤーヤ学派内部にあることは、右のような想像を支持するものである。

『ヴァイダリヤ論』(六)以下に展開されるナーガールジュナの「灯火のたとえ」に対する批判も『ニヤーヤ・スートラ』第二篇では顧みられることはない。ただし、その一部は次に見るように『ニヤーヤ・スートラ』第五篇で「誤った論難」の一つとして取りあげられているのである。

『ニヤーヤ・スートラ』に記録されている、ナーガールジュナとニヤーヤ学派との間の「認識方法」をめぐる論争は、『ヴァイダリヤ論』や『廻諍論』などのナーガールジュナの著作とあまりにもパラレルであるから、おそらく何らかの論争が両者の間で実際に行われたと想像することを許すであろう。そして、両派はそれぞれ論争を記録する段になって、若干の軌道修正を行ったのではないだろうか。それはニヤーヤ学派の方に顕著に見られるところである。

かくして、ナーガールジュナの論理学批判はそれなりの成果を上げたと評価されるかもしれない。インドの論理学者たちが、彼の批判にたえうるような認識論・論理学を構築していったという意味でである。彼の影響を受けて、専ら帰謬法によって議論する哲学者たちも登場したが、インド哲学者の大半は、論証式による積極的な論証をよしとしたようである。ナーガールジュナ自身の後継者たちのなかでも、バーヴィヴェーカ（六世紀）やシャーンタラクシタ（寂護《じゃくご》、八世紀）のように、中観思想に論理学を導入することを推し進めた人々もあったのである。

『ニヤーヤ・スートラ』第五篇第一章──誤った論難

前章末に示唆したように、ニヤーヤ学派の十六原理の一つ「誤った論難」二十四種のなかには、ナーガールジュナのニヤーヤ学派批判を取りあげて、それを誤った論難として斥けたものがいくつかある。すでに紹介した『ヴァイダリヤ論』を明らかに意識していると考えられる二例を検討してみたい。まず、同書（六）に見られる「灯火というものは闇に触れ合うにせよ触れ合わぬにせよ、照らすはたらきをもたない」というディレンマは、少し形を変えて「理由」と「その対象」（＝論証内容）の問題として『ニヤーヤ・スートラ』第五篇に取りあげられる。

　理由は、（その対象である）所証に到達して（論証する）か、到達せずして（論証する）かのいずれかであるが、到達して（論証する）なら（理由と所証の間の）区別がなくなってしまうし、到達しないで（論証する）なら（理由は所証を）論証するものではありえないから、（そもそも理由は所期の効力をもちえない、と到達・非到達によって論難するのが）「至《し》相似《そうじ》」と「非至相似」という二つの誤った論難である。（五・一・七）

　（そのような論難は、正当な）否定とは言えない。（陶工・ろくろなどに到達して、粘土が）壺として完成されることが見られるからであり、また黒魔術によって（遠くにいる敵に到達せずして）傷害を引き起こす場合があるからである。（五・一・八）

　ニヤーヤ学派の反駁は、論証の問題を因果関係の問題にすり替えているところがあり、一種の詭弁であるが、ナーガールジュナの場合と同様にインドの問答法の許容範囲と言えよう。
次に、『ヴァイダリヤ論』（一一）他にしばしば言及されるナーガールジュナの「三時不成」の論理は、「無因相似」という誤った論難とされる。

理由は（その対象である所証との先後関係の）三時において成立しないから（理由でないものと違いがないと言って論難するのが）「無因相似」という誤った論難である。（五・一・一八）

理由が三時において成立しないことはない。それによって所証が成立する（＝立証される）からである。（五・一・一九）

また、（三時不成の論理を無因相似に当てはめれば、その）否定が（三時において）不合理であるから、（それによって）否定されるべき（元の理由）は否定されないことになる。（五・一・二〇）

ニヤーヤ学派の二番目の反駁（五・一・二〇）は、『ヴァイダリヤ論』（一二）や『ニヤーヤ・スートラ』（二・一・一二）に見られる同派の反論と同じである。これら以外に「所立《しょりゅう》相似」「生過《しょうか》相似」「無異相似」なども、やはり『ヴァイダリヤ論』中の他のナーガールジュナの議論を「誤った論難」として排除している場合である。

これで分かるように、ニヤーヤ学派もまた、彼らの範疇論的実在論の核心を突くナーガールジュナの鋭い批判に出会って、意識的に対処せざるをえなかったと言えよう。

のちにディグナーガは、彼の論理学の集大成である『プラマーナ・サムッチャヤ』第六章でニヤーヤ学派の二十四種の誤った論難の大部分を取りあげ、彼自身の「新しい論理学」の体系のなかの誤謬論として再検討する。その際、彼がまず最初に右に挙げた三つの論難を一緒に取りあげるのは、ナーガールジュナと『ニヤーヤ・スートラ』との歴史的経緯を考慮するとたいへん興味深いものがある。

『中論頌』第一章第一偈

再びナーガールジュナに戻ろう。彼の主著は約五百の詩頌からなる『中論頌』である。その冒頭を飾るのは次の一偈である。

いかなる存在といえども、いかなる場合においても、自より生じたものは決してない。他より生じたものも決してない。(自他の) 両方から生じたものも決してない。原因なしに生じたものも決してない。(第一章第一偈)

これは伝統的に「四句分別」（テトラレンマ）と呼ばれるものの一種であるが、今の場合は破壊的テトラレンマの結論部分だけを四つの否定命題として列挙したものと考えることができる。ナーガールジュナ自身は言及しないが、注釈者たちの助けを借りれば、次のようなテトラレンマを再構成することができる。

（一）もし何かが自分自身より生じるのであれば、既に生じているものがさらに生じることになるが、そのような二度目の生起は無意味である。

したがって、いかなるものにせよ自より生じることはない。

（二）もし何かが他より生じるのであれば、灯火から暗闇がというように、全く無関係なものから何でも生じるということになってしまう。

したがって、いかなるものにせよ他より生じることはない。

（三）もし何かが自他の両方から生じるのであれば、（一）（二）両方の望ましくない結果になるだろう。

したがって、いかなるものも自他両方から生じることはない。

（四）もし何かが原因なしに生じるのであれば、すべてのものがすべてのものから常に生じるということになるが、それは不可能である。

したがって、いかなるものも原因なしに生じることはない。

ここで「自分自身より生じる」を{a}、「他より生じる」を{b}で表すと、テトラレンマの条件節の述語を、それぞれ

{a}　{b}　{a.b}　{−a.−b}

と表記することができる。

そこで、「自分自身より生じる」とは「自分自身より生じるが、他よりは生じない」を意味し、「他より生じる」は「自分自身より生じないが、他よりは生じる」を意味すると仮定するなら、最初の二句は{a.−b}{−a.b}と同値であると理解できる。そして、条件節の四つの述語は、a・b二項からなるヴェン図（図二参照）二の四つの領域、すなわち

{a.−b}　{−a.b}　{a.b}　{−a.−b}

をすべて埋め尽くすことになる。したがって、四つの条件節が表す命題は、ものの生起に関するすべての理論的可能性を網羅していると言える。

図二

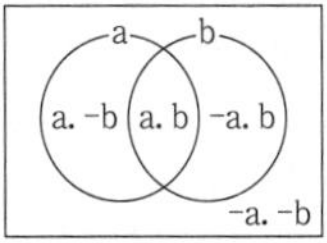

a＝自より生じる
b＝他より生じる

{a. −b}＝自より生じるが、他よりは生じない。
{−a. b}＝自より生じず、他より生じる。
{a. b}＝自と他とより生じる。
{−a. −b}＝自よりも、他よりも生じない。

（一）「ものは自より生じる」というのは、原質からの展開を説くサーンキヤ学派の「因中有果論」である。

(二)「ものは他より生じる」というのは、原子の集積による物質の構成を説くヴァイシェーシカ学派の「因中無果論」である。

(三)「ものは自他より生じる」というのは、自相続内の先行する刹那という主要因と他相続に属する様々な補助線からなる「因縁の複合体」からものは生じると考えるアビダルマ仏教徒(小乗仏教徒)たちと考えられる。一方、ものが絶対的に特定の性質のみをもつことを否定し、一つの実在が多様な性質をもつことを主張する「積極的多面説」を説くジャイナ教徒なら「自よりも生じるし、他よりも生じる」と主張したとも考えられる。

(四)「ものは原因なしに生じる」というのは、いかなる形の因果論も否定するローカーヤタ学派であろう。彼らは孔雀の羽根の美しさはその自然の本性によるのであって、特別の原因があるとは考えないのである。

また、マヘーシュヴァラなどの万物の創造神という「間違った原因」(悪因)を立てる諸学派を想定することも可能である。

いずれにせよ、テトラレンマの各述語によって、ナーガールジュナ当時のすべての因果説が論理的に含まれていると考えてよい。

このようなテトラレンマは、二項間に考えられる論理的可能性をすべて枚挙するための、インド仏教の経典解釈学の手法の一つであり、「枚挙法」とでも呼ぶべきものである。

四つの述語のうち一つでもありえない場合には、過去・現在・未来という場合のようにトリレンマに縮小される。また、a・b二項が互いに相手を否定する「矛盾」関係にある場合は、第三句・第四句が存在しえないから、ディレンマにまで縮小される。例えば、同一性と別異性の場合である。

ナーガールジュナの破壊的テトラレンマ、あるいは、トリレンマ、ディレンマの特徴は、このようにすべての理論的可能性を枚挙したうえで、対論者の立場にたてば、そのいずれの場合も誤謬に陥ることを指摘して、目下の主題にはいかなる述語も付与することができないと結論することである。

『中論頌』第一章第一偈に戻れば、「いかなるものもいかなる仕方でも決して生じることはない」という結論である。

もちろん、これには「究極的には、いかなるものも、その本質（＝自己同一性）をもって、生じることはない」という限定が加えられることになる。言い換えれば、「本質をもたず空なる原因から空なる結果が生じる」というナーガールジュナの縁起説理解は否定されないのである。

問題なのは、因果関係を本質を介して実体的に捉えることである。

『中論頌』第二十五章

ナーガールジュナの論法は、その細部を検討すれば、詭弁的な要素が多々あるが、形式的には単純にして明快なものである。

（1）まず、テトラレンマ（四句分別）などを用いて、ある事項に関するすべての理論的可能性を枚挙する。

（2）さらに、そのいちいちの場合を検討して、すべてに論理的誤謬を指摘する。

（3）結論は、当該事項はあらゆる概念的思惟や言語的多元性の把捉を超えており、本質をもたず「空である」ということになる。

つまり、「枚挙法」と「帰謬法」を併用して、当該事項に関する様々な解釈を論破し、その結果間接的に「空性《くうしょう》」を明らかにするのである。

その最も詳細にして、完全な例は、『中論頌』第二十五章においてナーガールジュナが「涅槃《ねはん》」を吟味する際に見られる。同章第四〜第十六偈は、涅槃が「存在」であるか、「非存在」であるかについて、次のような破壊的テトラレンマを提示する。

（一）もしも涅槃は「存在である」というなら、

およそ存在するものは生死を離れることはないから、涅槃も生死を離れたものではないということになるが、それは涅槃の定義上認められない。

したがって、涅槃が存在であるとは言えない。

（二）もしも涅槃が「非存在である」というなら、およそ非存在は何か（例えば、存在）に依存するものであるから、涅槃も何かに依存するものになるが、それは定義上認められない。したがって、涅槃が非存在であるとは言えない。

（三）もしも涅槃が「存在かつ非存在である」というなら、解脱も存在かつ非存在であるということになるが、それはありえない。存在と非存在という矛盾概念が同一物に所属するのは不合理だからである。したがって、涅槃が存在かつ非存在であるとは言えない。

（四）もしも涅槃が「存在でも非存在でもない」というなら、そもそも涅槃の存在性と非存在性が明らかにされない限り、誰が涅槃は存在でも非存在でもないと言えようか？

第一句と第二句の条件節の述語をそれぞれ

「存在であって、非存在ではない」
「存在ではなくて、非存在である」

と読み換えると、右の四句の述語は、先に挙げたヴェン図一（一八七頁）のすべての領域を埋めることになるから、涅槃の存在・非存在に関するすべての場合を尽くしたことになる。

ナーガールジュナは、四つの場合のそれぞれに帰謬法を適用して、涅槃に関してはいかなる概念的構想も成立しえない、つまり「涅槃は空である」と間接的に立証しているのである。

なお、ナーガールジュナは「涅槃は無である」と言っているのではない。「無為涅槃」という特別のダルマを立てて、その本質的実在性を主張する有部などに対して、あるいは、「無為涅槃」という特別のダルマを認めず、一種の「非存在」と見なす経部に対して、「有無の二辺を離れた涅槃」を説いているのである。涅槃が空であるからこそ、凡夫が涅槃に入ることも可能なのである。

第三句を見ると、ナーガールジュナが「Aは同時に非Aではない」という矛盾律を認めていたことが分かる。ここにおける「非存在」という表現の否定辞は「相対否定」の意味であり、『ヴァイダリヤ論』（三）の場合の「純粋否定」とは異なる。したがって、第三句の「存在かつ非存在である」、第四句「存在でも非存在でもない」という表現は無意味となり、テトラレンマはディレンマに解消されると考えてもかまわない（図三参照、アミ部分は空集合を意味する）。

ここで、ナーガールジュナの数多いディレンマのなかから一つ選んで紹介しておく。

存在しない対象にも、存在する対象にも、(それを生み出す)因果的条件は決して適用できない。いかなる非存在が因果的条件を所有しようか。既に存在するものにとって因果的条件が何の役に立とうか。(第一章第六偈)

図三

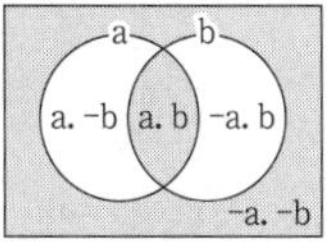

a＝存在
b＝非存在

{a. −b} ＝存在し、非存在ではないもの(＝存在)。
{−a. b} ＝存在ではなくて、非存在のもの(＝非存在)。
{a. b} ＝存在かつ非存在のもの(空集合)。
{−a. −b} ＝存在でも、非存在でもないもの(空集合)。
(アミ部分は「空集合」を意味する。)

これを破壊的ディレンマに書き換えると、

(一)もしも対象が既に存在するならば、それをさらに生じさせる因果的条件は必要がない。

(二)もしも対象が存在しないならば、そのような対象は因果的条件を所有しえない。

したがって、対象が存在してもしなくても、因果的条件は適用不可能であるというわけである。ここにもディレンマの衣の下に詭弁の鎧がのぞいている。

残余法、あるいは消去法

ところで、ナーガールジュナのこのような論法は、決して彼独自のものではない。インド哲学諸派のなかでもヴァイシェーシカ学派やサーンキヤ学派は、「残余法」（パリシェーシャ）と呼ばれる、「枚挙法」と「帰謬法」を核とする間接論証を発達させていたからである。

例えば、ヴァイシェーシカ学派の最初の綱要書である『ヴァイシェーシカ・スートラ』（二・一・一〇）では、目に見えない実体である風の存在を可触性から推理するのに残余法を用いている。

（1）まず可触性をもつ実体として、地・水・火・風が挙げられる。

（2）ところが、虚空にかざした手が感じる感触は目に見えるものの属性ではないから、地・水・火との結合が否定される。

（3）残された可能性は、目に見えないが可触性のある実体があるということであり、その実体が風である。

これは、ヴァイシェーシカ学派のカテゴリー論にもとづいて、可触性のある実体としての風の存在を既に前提としておきながら、さらにその存在を特定の種類の可触性によって論証するという意味で、一種の「循環論証」である。この点は『ヴァイシェーシカ・スートラ』（二・一・一五〜一九）で、ヴァイシェーシカ学派の存在論を認めない他学派（おそらくミーマーンサー学派）からの反論に答えるという形で検討されるが、その行き着くところは「実体が九種であるのは、マヘーシュヴァラ（大主宰神）の知覚にもとづいて定められた」というまことにドグマティックな解決法である。

ディグナーガもこの一連の議論を『プラマーナ・サムッチャヤ』第二章自注の冒頭で引用して、目下の「残余法」の不完全さに言及している。そもそもヴァイシェーシカ学派が独立の認識方法として承認しない「証言」（今の場合、実体は九種類という定説）に残余法は依存するべきではない、と明確に問題を指摘している。

このように、ヴァイシェーシカ学派の残余法は、必ずしも他学派に対して説得力をもつ論証法とは言えないが、少なくとも一定の存在論、特に彼らのカテゴリー論のように「閉ざされた存在論の体系」を前提とする限りは、非常に有効な論証法と言える。

『ヴァイシェーシカ・スートラ』中にも、音声の知覚から、それが所属する目に見えない実体である虚空（エーテル）の存在を推理するときなどに、さらに残余法の適用が見られる。しかし、より明快な残余法の例として、ヴァーツヤーヤナの『ニヤーヤ・スートラ』（一・一・五）に対する『注解』を引用しよう。

「シェーシャヴァット」とは、残余法である。それは、理論的に帰着する（いくつかの）可能性を（次々に）否定する場合に、それ以外の可能性は帰着しえないという理由で残された可能性を認識することである。

――たとえば、音は、実体・属性・運動に共通する「存在し、非恒久的であり、……」（という性質をもっていること）によって、普遍・特殊・内属から区別され（て、右の三原理である理論的可能性があ）るが、

それ（音）について、実体であろうか、属性であろうか、運動であろうかという、かの「疑い」が生じたとき、「実体ではない。一つの実体を所有するから」「運動ではない。他の音の原因であるから」（というように、属性以外の原理である可能性を否定し、）

残された可能性はこれ（すなわち、属性）である、というようにして音が属性（の一種）であることを理解するたぐいである。（服部訳、三五二頁、一部筆者変更）

議論のプロセスを整理すると次のようになる。

（一）まず、ヴァイシェーシカ学派のカテゴリー論では、すべての存在は実体・属性・運動・普遍・特殊・内属のいずれか一つに属さなければならない。

したがって、目下の議論の対象である音はそれら六つのカテゴリーのいずれかに所属するはずである。

（二）「存在し、非恒久的であり、実体を所有し、結果であり、原因であり、普遍と特殊を所有する、以上が実体・属性・運動の共通性である」という『ヴァイシェーシカ・スートラ』（一・一・七）に従えば、音は普遍・特殊・内属ではありえず、実体・属性・運動のいずれかである。

（三）「一つの実体を所有するから、実体ではない」という『ヴァイシェーシカ・スートラ』（二・二・二七）に従えば、音は単体である虚空に内属するから、実体ではない。ちなみに、実体は複数の構成要素から構成される壺などのように「多数の実体を所有するもの」か、虚空や原子などのように単体で存在して、「（構成要素となる）実体を所有しないもの」かのいずれかであり、「一つの実体を所有するもの」ではありえない。

（四）「運動によって成立させられる運動はない」という『ヴァイシェーシカ・スートラ』（一・一・一〇）に従えば、音は運動ではない。ヴァイシェーシカ学派は一種の音の「波動説」を信じていたからである。それに対して、運動は結合を原因とし、離別を結果とするものである。

（五）かくして、最後に残された唯一の可能性として、「音は属性である」と推理、確定される。

ヴァイシェーシカ学派のカテゴリー論を前提として認めれば、十分成立する議論である。すべての可能性を挙げて、そのいちいちを検討して、学説内の矛盾を排除して、最後に一つの結論に到達するというプロセスは、ナーガールジュナの論法と基本的に同じである。右に「理論的に帰着する」と訳した表現の原語が「プラサクタ」であり、ナーガールジュナの帰謬法を表す原語「プラサンガ」と同一語根からの派生語である点も、両者の関係を示唆するものであろう。両者の重要な相違点は、ナーガールジュナがすべての理論的可能性を否定して、「すべては空である」と結論するのに対して、ヴァイシェーシカ学派では必ず一つの肯定的な結論が導き出される点にある。

「残余法」は一種の帰謬法であり、帰謬法はインド論理学において必ずしも高い評価を受けなかったのであるが、後代のニヤーヤ学派やヴァイシェーシカ学派では、「創造神」や「アートマン」など我々が直接経験できないものの存在証明において一定の役割を演じ続けたのであった。ところで、「原質」や「精神原理」のように経験不可能な原理の存在証明に直面したサーンキヤ学派も、同じように帰謬法を伴う残余法を活用している。彼らはそれを「間接論証」（アーヴィータ）と呼んでいる。

帰謬法の正当な評価は、「すべては非恒常的である」という「刹那滅論証」を確立した仏教論理学者のダルマキールティまで待たなければならない。

『中論頌』第二章

最後に、もう一度ナーガールジュナの「三時不成の論理」を検討しておこう。彼は『中論頌』第二章で彼の否定の論理を詳細に提示している。「歩行者は歩かない」というような表現があることから、「飛ぶ矢は飛ばない」というゼノンのパラドックスと対比され、矛盾律を超越した何か深遠な論理として注目を集めてきたが、彼の真意は別のところにあることを明らかにしておきたい。

同章は次のような一見エニグマティック（謎のよう）な一偈で始まる。

既に通過された所が今通過されつつあるということはない。
未だ通過されたことのない所が今通過されつつあるということはない。
既に通過された所と未だ通過されたことのない所とは別の今通過されつつある所が今通過されつつあるということはない。

この偈は破壊的トリレンマの結論部分だけを抜き出したものであり、次の三つの命題を否定している。

(一)「既に通過された所が今通過されつつある」{gataṁ gamyate}
(二)「未だ通過されたことのない所が今通過されつつある」{agataṁ gamyate}
(三)「今通過されつつある所が今通過されつつある」{gamyamānaṁ gamyate}

ナーガールジュナは当然のこととして説明しないが、命題(一)(二)がなぜ否定されるかというと、ある矛盾をはらんでいるからである。その矛盾は右の日本語訳では明らかではない。昨日通った道を今歩いているとか、まだ歩いたことのない道を今歩いているということに、私たちは何ら矛盾を感じないはずである。その矛盾を理解するためには、梵語という言語の形態論的分析と統語論的分析のレベルまで降りていかなければならない。

「既に通過された所」を意味する語{gatam}は、「行く」「通過する」を意味する動詞(gam)に当該行為(進行)が過去に属し、かつその行為の対象を意味する接尾辞{Kta}が付加されて形成されたものである。

「未だ通過されたことのない所」を意味する語{a-gatam}は、{gatam}に否定辞{naÑ}が前接されたものである。この否定辞は「純粋否定」の意味で理解すれば、{gatam}の反対、つまり進行行為が未だ生じていず、未来に属する対象を意味していることになる。もしもこの否定辞を「相対否定」の意味で理解すると、{agatam} は {gatam} の補集合を意味し、過去以外のすべて（＝未来と現在）の進行行為の対象を意味して、命題（三）が無意味になってしまう。

一方、「今通過されつつある」を意味する語 {gamyate} は、同じく動詞語根（gam）に受動態動詞語幹を形成する接辞 {yaK} と、当該行為が現在に属することを表す人称語尾 {LAT} が付加されて形成された定動詞形である。

ところで、

{gatam gamyate}

{agatam gamyate}

は、ともに

{中性・単数・主格の名詞句＋定動詞の三人称・単数・現在・受身形}

という形式を取り、主語に当たる名詞句と述部の動詞がともに「同一の対象を指示する」という統語論的特徴をもっている。

以上は、古代インドにおける梵語文法体系の最初の大成者、パーニニ（紀元前四世紀中葉）による言語分析の一端である。ナーガールジュナは、梵語で著作活動をした以上、インド土着文法学に精通していたはずである。また、そのような前提に立たない限り、『中論頌』における彼の議論の大半は正確にその意味が理解できないであろう。あるいはパラドクシカルに、あるいは詭弁に思われる、ナーガールジュナの議論も、彼の言語分析の文法学的背景を考慮するとき、謎が氷解することがあるのである。

今なお現代的意味を十分もつ、古代インド文化が生んだ最大の文化遺産、パーニニ派の文法学がいかにインド人の思惟方法、インド人の論理学に深い影響を及ぼしたかについては、次章で触れることにしたい。

さて、命題(一)を検討すると、名詞句{gatam}が過去の進行行為の対象を意味するのに対して、動詞形{gamyate}は現在の進行行為の対象を意味するので、両者が同一の対象を指示しているとは言えないのである。

同様に、命題(二)は名詞句と動詞形がそれぞれ未来と現在の進行行為の対象を指示するから、同一指示対象性が成り立たないのである。この意味で両命題は矛盾を含んでいると言われたのである。

それでは、命題(三)はどうかと言うと、「今通過されつつある所」を意味する{gamyamānam}は、{gamyate}と全く同じ形態素に分析され、意味的に等価である。ただし、定動詞形ではなくて、接尾辞{ŚānaC}を伴う現在分詞形である。したがって、命題(三)の「今通過されつつある所が今通過されつつある」は、日本語の語感からも想像されるように、無意味な語の反復と理解されて否定されるのである。

ナーガールジュナは、さらに引き続き第三命題を文法学的に解釈した場合に引き起こされる問題点を次々と指摘する。例えば、同命題が同義反復になるのを避けるためには、その構成要素にそれぞれ別の進行行為を措定しなければならないが、それでは同時に二つの進行行為が行われていることになり、事実に反する結果となるというようにである。

ナーガールジュナの最終的な結論は、人の進行行為に関わる様々な言語表現、「歩行」「歩行者」「歩行の行程」などは、過去・現在・未来の三時にわたって成立しないということである。しかし、彼は歩行の事実そのものを否定するのではない。事実を行為に関わる様々な観念によって記述することを拒否したのである。誰かがナーガールジュナに「すべてが空ならば、歩行も成立しないだろう」と難詰すれば、彼は立ち上がって、平然と歩いて見せたに違いない。

ナーガールジュナの反論理学

ここらで、ナーガールジュナの「反論理学」の内容を整理しておこう。

彼の議論が反論理学的であるというのは、彼が『ヴァイダリヤ論』に見られるように、当時勃興してきたニヤーヤ学派の論理学を徹底的に批判したからである。その理由は、論理学が彼の思想上の敵であるヴァイシェーシカ学派の範疇論的実在論の新たな武器となることを恐れたからであろう。

彼の批判の論法は、当時の問答法のマニュアルに則ったものであり、対論相手を論破するためには、敢えて詭弁を用いて、相手を敗北の立場へ導くことに躊躇しなかった。

専ら相手の学説の批判に終始するナーガールジュナの論法は、論議の仕方のなかでも「論詰」と呼ばれるものであった。それは、本質的には帰謬法的な議論の仕方である。

彼の帰謬法の特徴は、アビダルマ（阿毘達磨）の論師たちから受け継いだ「四句分別」（テトラレンマ）などを用いて、我々の「話の世界」を論理的に分析し、ある事項に関わるすべての論理的可能性を枚挙して、そのいちいちの場合に誤謬を指摘した点にある。すなわち、「枚挙法」と「帰謬法」の結合であった。例えば、破壊的なテトラレンマによってそれを表すことができる。類似の試みは、ヴァイシェーシカ学派やサーンキヤ学派にも見られるところであった。

一方、ニヤーヤ学派は、ナーガールジュナの帰謬法による論詰の一部を「誤った論難」と呼んで、正しい論証とは見なしていない。

結論として、ナーガールジュナは反論理学的であったが、その論法そのものは非常に論理的であったと言えよう。彼のインド論理学に対する最大の貢献は、帰謬法を確立したことであろう。

再びミシガンへ

一九九六年十月末、滞在中のカルガリーからほぼ二十年振りにミシガンへ向かった。格安切符を利用するため、深夜出発する「ナイト・フライト」でトロントへ、そこから早朝に乗り換えてデトロイトへというハード・スケジュールでほとんど一睡もせずに、出迎えてくれたゴメスの車でアンナーバーへたどり着いた。折から、ミシガン大学では、スイスのローザンヌ大学と共催で「アーリヤ人と非アーリヤ人」という、人種差別に敏感なアメリカではかなり刺激的なタイトルのシンポジウムが開かれていた。その番外の特別講演として、本章で述べてきたようなナーガールジュナの議論の特徴について一時間ほど話をした。現在のアメリカの学生は宗教としての仏教には関心をもっても、仏教哲学には関心がないよとゴメスから聞いていたが、二十年振りの懐かしい顔や各地からシンポジウムに参加していた旧友たちのおかげで、無事講演を終えることができた。シニカルではないナーガールジュナ理解の一斑を伝えることができたとしたら、成功だったと言わなければならない。

ゴメス夫妻の家は、週一度やってくる孫の遊び道具で占領されていたが、二人ともおじいちゃん・おばあちゃんを楽しんでいる様子だった。翌日は、アンナーバーに住む、A氏の奥さんのペニーに十数年振りで再会した。二十年前サンタモニカで苦労してお節料理を作ってくれた彼女である。医療写真のプロでもあるが、東京で総指揮を取るA氏の教育交流事業の北米ヘッドクォーターのディレクターとして活躍している。互いの両親のこと、子供のこと、仕事のこと、積もる話をたくさんしたあと、車で飛行場まで送ってもらった。懐かしい土地は懐かしい人との出会いを可能にするものである。A氏で始まった本章はA氏夫人で終わり。

第五章　インド人の思惟方法――帰納法

一九八五年八月、御巣鷹山《おすたかやま》の日航ジャンボ機墜落の一週間後、同型のジャンボ機で大阪国際空港を後にした。十二月までの秋学期の間、カリフォルニア大学のバークレー校で授業するためであった。物心が付いてからはほとんど初めての空の旅に、三歳と七歳の幼い子供たちは、大事故の後のせいもあって、おびえていた。その後旅の間中、下の男の子は時折悲しそうな顔をして、「パパも死ぬの」「ママも死ぬの」「Mちゃんも死ぬの」「僕も死ぬの」と問うたものである。ヨセミテ公園のインディアンのテントの前では「インディアンも死ぬのかな」と呟いていたのが忘れられない。サンフランシスコの空港には、ランカスター先生が、ニューヨークのタクシーの払い下げだという大きな車で我々一家を迎えに来てくれていた。その少し前までミシガン州のカラマズーで作っていた「チェッカー・マ

玄奘も学んだナーランダーの僧院址、5～12世紀頃。

ラソン」という頑丈な車であったが、学生たちは梵語で「大きな乗り物」を意味する「マハー・ヤーナ」と呼んでいた。いわゆる大乗仏教の「大乗」である。

広島県の真宗寺院出身の沼田恵範師は、太平洋戦争直前のアメリカ西海岸で反日感情が爆発したのを経験し、仏教伝道による日米両国の相互理解を念願された。戦後、精密計測機器の製作会社を設立して世界的に成功した師は、「仏教伝道協会」を設立して世界各地のホテルに英訳仏教聖典を寄贈するという運動を開始された。さらに、世界各地の大学に「仏教学」の講座を寄付し、ついには、漢訳大蔵経をすべて英訳するという世紀のプロジェクトを始められたのであった。英訳事業のヘッドクォーターは、バークレーにある。その沼田センターに身を落ちつけて、バークレー校に真っ先に寄付された「沼田講座」の二代目教授としてインド仏教文献と古典チベット語を教えるのが、当面の私の仕事であった。

授業も軌道に乗ったある日、南アジア学科の学科長で、インドの叙事詩『ラーマーヤーナ』の英訳プロジェクトを遂行中のロバート・ゴールドマンに「ジェフにどうしたら会えるかな」と尋ねてみた。ジェフ・メイソンは、トロント時代の同僚の一人である。ハーヴァード大学でインド修辞学の研究によって学位を取り、筆者の一年後にトロントへ鳴り物入りで赴任してきたインド学者であった。マティラルのハーヴァード時代の学友でもあり、『ジャーナル・オブ・インディアン・フィロソフィー』の創刊時には副編集者として名前を連ねていた。着任早々には古典梵語を現代語のように会話を通して教えるのだと張り切っていたが、うまく行かなかったようである。

生まれてからこの方、欲しいものは何でも手に入れてきたジェフは、できたばかりのトロント大学インド学科などすぐにも自分の意のままになると思ったようであるが、イギリスやインドというコモンウェルス出身の年上の教授陣の抵抗にあって、クーデターは失敗する。悩みごとがあれば「精神分析医」に相談するのが、北米の知識人の間で流行していたが、ジェフも例に漏れず、精神分析医を訪問するようになり、すぐにこの世界でも自分は一流になれると自信をもったに違いない。梵語を教える傍ら、精神分析医としての資格を取り、筆者がトロントを離れた後は、インド学者としてよりは、フロイト派の精神分析学者として活躍していた。

ジェフはニューヨークのフロイト派の大御所アイスラーのお眼鏡に適って、それまで極秘とされていた、フロイトが彼の理論形成期にベルリンの分析学者フリースへ送った全書簡の校訂出版を許可され、一時は「フロイト・アーカイヴ」の後継者に指名されるまでになった。しかし、「ヒステリーの根本原因は幼児期に親から受けた性的虐待にある」というフロイトの初期理論を再発掘して、現在の精神分析学を批判したために、筆者が会った当時は、アイスラーはもちろん、学界全体から総スカンを食った状態にあった。この間の事情は、ジャネット・マルコムの『フロイト・アーカイヴで』(ヴィンテージ社、一九八四年)に軽妙かつ詳しく書かれている。世界中のインド学関係者のなかで『タイム』や『ニューズウィーク』に写真入りで登場したのは、ジェフだけだろう。

バークレー校の正門を出てすぐ、テレグラフ通りをちょっとはずれた所にある「パニーニ」に、昼頃行けばジェフに会えるというので、ゴールドマンに連れられて、このジェフの彼女が経営するサンドイッチの店で三人で会った。「パニーニ」はイタリア語で「小さなパン」という意味だそうだが、インドの偉大な文法学者「パーニニ」の語呂合わせに違いない。梵語を教えることはとっくの昔に止めてしまい、精神分析学の主流からも閉め出されてしまったジェフに、将来のことを聞かれて、「親父の跡を継いで、田舎の寺の住職になるかな」と答えると、「それじゃ俺は古い宝石を磨かなければならないじゃないか」と言い出して、大笑いしたものである。彼の父親は、確か中南米出身の裕福な宝石商であった。

ユークリッドとパーニニ

日本を代表するインド哲学者、中村元の膨大なインド研究の業績のなかで最もユニークであり、後に英訳されて、内外の哲学者にも広く注目されたのは、戦後いち早く出版された『東洋人の思惟方法』（みすず書房、一九四八・四九年）である。「インド人は個物あるいは特殊よりむしろ普遍を重視するという思惟傾向がある。それはまず、インド人が抽象名詞を好んで用いたという言語事実のうちにも現れている」（春秋社版、一九八八年、三九頁）というように、主として言語表現を手がかりとしてインド人・中国人・日本人の思惟方法の特色を彼は論じたのである。同書は、国内外で賛否両論を巻き起こし、中村自身増補と書き換えを繰り返して現在に至っている。人類に共通の「言語本能」があると主張するピンカーなら、思考が言語に反映され、言語が思考を規定するという中村流の考えを否定するであろう。しかしピンカーの仮説が実証されたわけではない現段階では、思考と言語の問題を考えるとき、中村の主張も考慮しなければならないであろう。

西洋のインド学者たちは、主として西洋の哲学思想と比較してインド思想の特色を理解してきた。例えば、マティラルやメイソンの師に当たるハーヴァード大学の元サンスクリット教授、D・H・H・インゴルズは、一九五二年インドのシャストリ研究所で行った講演で、ギリシャとインドの哲学の伝統を比較して、前者が数学的方法、後者が文法学的分析によって特徴づけられると指摘している。

彼の考えをさらに発展させたのは、オランダのインド学者F・スタールであった。一九六三年、アムステルダム大学の比較哲学講座の教授に就任する際に、彼は「ユークリッドとパーニニ」という題で講演した。ユークリッドの『幾何学原論』とパーニニの『アシュターディヤーイー』（八篇からなる文法書）とを取りあげ、両書にギリシャに始まる西洋的思考とインド的思考のそれぞれ原点があると主張した。スタールは、後にMITを経て、バークレーのインド哲学教授に就任し、現代の記号論理学の手法を用いてインド論理学を分析する多くの論文を発表する。元同僚のチョムスキーの影響であろうか、『普遍』というタイトルの彼の論文集（シカゴ大学出版局、一九八八年）の序文で、スタールはインド論理学は本質的に西洋論理学と異ならないという結論に到達している。

インゴルズやスタールが、ギリシャに端を発する西洋哲学の伝統を特色づけるのに数学やユークリッドを持ち出すのは、野田又夫が『哲学の三つの伝統』のなかでギリシャ哲学の特色をユークリッドやアリストテレスのように公理的体系を生み出した点に求めたのと軌を一にするものである。

一方、古代インドではスタールが指摘するように、「パーニニ文法」に代表されるような文法学が、学術研究のモデルとして機能したのであった。インド人の思惟方法を知るためには、何よりもまずパーニニ、およびパーニニ派のインド土着文法学のなかにその答えを見いだすよう努力しなければならない。

ただし、インド論理学と西洋論理学が本質的に違わないというスタールの考えに、筆者は賛同できない。これから本章が明らかにするように、インド論理学の特徴は「帰納推理」にあり、アリストテレスの公理主義的な「演繹推理」が主流をなす西洋論理学とはおのずから性格を異にするからである。——ただし、西洋論理学の伝統に帰納法的傾向がないわけではないから、それを考慮すれば、インド論理学は西洋論理学の一部と一致すると言うべきであるかもしれない。

パーニニ文法学

インドの文法学は、ヴェーダ祭式の正しい伝統を保持するために、紀元前四・五世紀頃には成立していた六つの「ヴェーダ補助学」の一つである。ヴェーダ聖典の韻律を教える「韻律学」、ヴェーダ祭式そのものとヴェーダ聖典の正しい使用を教える「祭事学」、ヴェーダ祭式を行うべき日時を教える「天文学」、ヴェーダ聖典の難語の語源解釈を与える「語源学」、正しい発音を教える「音韻学」に対して、正しいことばの使用を教えるのが「文法学」である。

パーニニ以前に既にことばに関する文法学的議論が盛んに行われていたようであるが、彼はそれらを参照したうえで、当時の教養あるインドの知識人が使用する言語（＝梵語）を分析し、記述している。それが約四千の極端に短い文法規則からなる『アシュターディヤーイー』であり、梵語の音論から形態論・統語論にいたるまでの整然とした文法体系を記述している。

同書には、簡潔な表現で複雑な言語体系を記述するために様々な工夫が凝らされているが、さらにスタールが指摘するように「対象言語」と「メタ言語」、「規則」と「メタ規則」、ことばの「使用」と「言及」の区別など、西洋の知的伝統がようやく一世紀ばかりまえに意識するようになった重要な概念を駆使している点は、今でも高く評価されるところである。

パーニニ以後のインドの知識人の圧倒的多数が、幼少時からこの文法書によって雅語としての梵語を学習するようになったため、パーニニ文法は一種の規範文法の地位を占めるようになった。その結果、梵語は比較的古い時代にある程度固定化されてしまったとまで考えられる。

同じくインド・ヨーロッパ（印欧）語族に属するギリシャ語やラテン語に比べて、古い語形を忠実に保存する梵語は、十九世紀に飛躍的に発達する「印欧比較言語学」の成立に大きく貢献したのであった。それはさらにスイスの言語学者ソシュールに始まる言語研究の「新しい波」を生みだし、現代欧米の言語学の展開に連なっているのである。古代インドの文法学が、近代ヨーロッパの言語研究に及ぼした影響は計り知れないものがある。

パーニニ文法こそ、インドが生んだ世界に誇る最大の知的遺産であろう。

もっとも、パーニニによって梵語が完全に固定化されたと考えるのは誤りである。言語は人間によって使用され続ける限り、時間により場所によって変化し続けるものである。インド文法学の「三聖人」と言えば、パーニニ、カーティヤーヤナ、パタンジャリであるが、そのうちカーティヤーヤナ（紀元前三世紀）は『アシュターディヤーイー』に対する簡潔な注釈『ヴァールティカ』を著して、パーニニ文法を批判的に検討し、必要に応じて補足、修正を加えている。その背景にはパーニニの知らなかった新しい語形の登場もあったことが指摘されている。パタンジャリ（紀元前二世紀）の大注釈書『マハーバーシャ』も、パーニニ文法とカーティヤーヤナの修正意見をさらに批判的に検討している。同書は一見簡明な散文の問答体で書かれているが、そこには非常に洗練されたテキスト解釈のテクニックが用いられている。彼のスタイルはその後のインドの学問的著作のモデルとなったのであった。

かくして、インドの土着文法学は、インドにおける学問的営為の確固たる基盤を提供するようになっていったのであった。

随伴と排除——帰納法の原理

パーニニ派の文法学のテクニックのなかで、インド論理学の転換に密接な関わりがあるのは、ペンシルヴァニア大学のパーニニ研究者、G・カルドーナが「インド的帰納法の原理」(Indian Principle of Induction)と名付けた、インドにおいて二項間に何らかの関係、特に因果関係を発見するために広く使用される、「随伴」(アンヴァヤ)と「排除」(ヴィヤティレーカ)による推理法である。彼は次のように説明する。

一般的に、もしもXが常にYに先行し、かつXとYの間に次のような関係が成立するとき、XはYの原因であると考えることができる。
(a)「もしXがあれば、Yもある」
(b)「もしXがなければ、Yもない」
特に、もしもXが言語的要素で、Yが意味Mの理解であるなら、(a)と(b)から推理して、当該の発話要素XはMを理解するための原因であると結論することができる。したがって、Mはその発話要素Xに帰せられる意味である。(『言語学的分析とインドの伝統』プーナ、一九八三年、四〇~四一頁)

カルドーナは梵語の文章を例に挙げて解説するが、今は、英語を全く理解しない人に、次の四つの英文の意味を教える場合を例にとって考えてみよう。

(1) {I see a boy.}

(2) {You see a girl.}

(3) {I saw a girl.}

(4) {You saw a boy.}

右の四つの英文を有意味な単位で区切り、さらに各文に対応する日本文をやはり有意味な単位で区切って示すと次のようになる。

(1') {I/see/a/boy.} 「私／は／少年／を／見ます」

(2') {You/see/a/gir1.} 「あなた／は／少女／を／見ます」

(3') {I/saw/a/gir1.} 「私／は／少女／を／見ました」

(4') {You/saw/a/boy.} 「あなた／は／少年／を／見ました」

（1'）と（3'）の二対の文の各構成要素の間の随伴と排除の関係を調べると、{I}と{a}という英語が発話されると、日本語では「私」「は」「を」という意味理解が随伴することが分かる。一方、（2'）と（4'）を比較検討すると、{You}と{a}が発話されると、「あなた」「は」「を」という理解が随伴することが分かる。したがって、{I}が発話されるとき「私」という意味理解が随伴し、{I}が発話されないときには「私」という意味は排除されるから、英語の{I}は「私」を意味することが推理されるのである。

同様のプロセスを経て、英語の{You}が日本語の「あなた」と随伴と排除の関係にあり、前者が後者を意味することも知られる。また、（1')（2'）と（3')（4'）とを対比すると、英語の{see}と{saw}とが、それぞれ日本語の「見ます」「見ました」と随伴と排除の関係にあり、（1')（4'）と（2')（3'）とを対比すると、英語の{boy}と{girl}とが、それぞれ日本語の「少年」「少女」と随伴と排除の関係にあることが分かるのである。

これで四つの英文の各構成要素の意味はほぼ判明したわけであるが、残された問題は英語の{a}と日本語の助詞「は」「を」との対応関係である。英語の{a}が不定冠詞であることを知るものには、両者が文法的にも意味的にも全く無関係であることは自明の理であるが、あくまで英語を知らないという前提で考えてみると、（1'）から（4'）を通じて、両者の間には常に随伴関係が見られるが、排除の関係は見られないから、以上の例文だけでは両者の間に関係を確立することはできないと言うことができる。しかし、次の例文を考慮すると、両者の間に関係がないことも実証できるのである。

(5) {I/see/boys.}　「私/は/少年たち/を/見ます」

この例文では、英語の a} が発話されない場合にも、日本語の「は」や「を」という意味理解が随伴しているから、{a} が「は」や「を」を意味しないことは明らかである。

以上のような手順は、未知の言語をインフォーマントを通じて学習する際に行われるものと似ているはずである。ところで、ことばと意味との間の関係を確立するためには、両者の随伴と排除の関係が、例外なく起こることが必要条件となる。インフォーマントの不注意や学習者の誤解から、外国語学習において間違った意味が伝達される例は、しばしば見られるところである。またことばに、一時的にそれが本来もたない意味を付与する比喩的な用法から、その語の普遍的な意味を推理するのは危険である。

随伴と排除によって発見、確立される二項間の関係の、最も手近な例は、因果関係であろう。例えば、火と煙の間には、

「火があるところには、煙がある」

「火がないところには、煙がない」

という随伴と排除の関係が経験的に知られる。したがって、火は煙の原因であると決定されるのである。

七世紀の仏教論理学者ダルマキールティは、無数の経験を繰り返さなくても、

火と煙のいずれも認識されなかったところに、

火が認識され、それに加えて煙が認識され、

火が認識されなくなると、煙も認識されなくなる

という一連のプロセスによって、火と煙の間の因果関係を確立できるとしている。

このように因果関係発見のために適用される随伴と排除は、十九世紀イギリスの経験主義の哲学者、J・S・ミルが実験的探求の方法として提案した帰納推理の五原則（一致法・差異法・一致差異併用法・剰余法・共変法）のうち「一致差異併用法」に類似していると言える。

ヴァスバンドゥ

ナーガールジュナと並ぶ大乗仏教の代表的な思想家ヴァスバンドゥ（世親）は、初期仏教のアビダルマ哲学から大乗の唯識思想まで幅広い学識と多数の著作によって知られてい

るが、インド論理学の発展にも重要な役割を演じている。残念ながら彼の論理学的著作は原本が散佚して、断片でしか伝わらないが、その独創性は、仏教論理学の大成者であり、インド論理学に新しい波を起こしたと言われるディグナーガ（陳那）を凌ぐものがある。彼がカシミールの有部のアビダルマの体系を経部《きょうぶ》の視点から批判的にまとめた『アビダルマ・コーシャ』（倶舎論）は、「仏教百科事典」とも呼ぶべき古典的名著である。同書の最終章「破我品《はがぼん》」の冒頭に、ヴァスバンドゥは随伴と排除を巧みに用いた帰納推理の一例を挙げている。

例えば、五種の感覚器官の存在は（直接知覚されないが）推理される。ここに、以下のような推理がある。
ある原因Xがあっても、
別の原因Yがないときには、結果Zが生じないが、
後者Yがあるときは、結果Zが生じることが経験される。
例えば芽が生じる場合のように。
ところで、対象がまさに光に照らされ、注意集中という原因（X）もあるにも拘らず、対象認識（Z）がない場合とある場合が経験される。

前者は目や耳の不自由な人々、後者は目や耳が不自由でない人々の場合である。
したがって、その場合も、別の原因（Y）の非存在、もしくは、存在が決定される。
そして、その別の原因（Y）こそが感覚器官である。

ここでXYZの間には、{X.Y→Z}（随伴関係）と{X.-Y→-Z}（排除関係）が成立している。

すべての他の条件が同じ場合に、目や耳の不自由な人には対象が認識されず、そうでない人には対象が認識されるということから、対象認識という結果の原因として、目に見える目や耳の背後に、視覚器官・聴覚器官などの感覚器官の存在が推理されているのである。

インドの論証形式――五支論証

随伴と排除によるインド的「帰納法の原理」は、インド論理学が単なる問答法・討論術から一種の論証法へと展開するとき、従来の「疑似的な理由」を指摘して論争における勝敗を決める代わりに、論証に説得力をもたせるために「正しい理由」を発見する方法として、重要な役割を演じていくのであった。

ここで、再び『ニヤーヤ・スートラ』第一篇に戻って、ナーガールジュナなどの帰謬法による間接的論証ではなくて、オーソドックスに五つの支分を用いる直接的論証法を検討しておこう。『ニヤーヤ・スートラ』第一篇第一章は、ニヤーヤ学派の十六原理の一つ、論証式の「支分」を次のように標示する。

「支分」とは、提案・理由・喩例・適用・結論である。(一・一・三二)(服部訳、三七一頁)

これは『チャラカ・サンヒター』にも見られたように最もスタンダードなインドの論証式の構成要素である。ヴァーツヤーヤナ(服部訳、三七一頁)によると、これらに加えて論理学者のなかには、論証の準備段階と理解した方がよいと思われる「知識欲」「疑い」「能力を得ること(もしくは、目的達成の可能性)」「目的」「疑いの除去」をも論証式の支分と考える人々がいたようである。サーンキヤ学派のヴィンディヤヴァーシン(五世紀中葉)などと考えられているが、後代のジャイナ教徒も別種の十支からなる論証式を用いている。一方、仏教論理学者のディグナーガは、後に見るように「適用」と「結論」の二支を削除して、「提案」「理由」「喩例」の三支からなる論証式を用いることを主張し、さらには「提案」は単なる問題設定であって、積極的な論証要素ではないと明言するに至る。

『ニヤーヤ・スートラ』は各支分に、以下の簡単な定義を与えている。

「提案」とは、論証されるべきことの説示である。（一・一・三三）

「理由」とは、「喩例」との（或る）性質の共通性にもとづいて、論証されるべきことを論証する手段である。（一・一・三四）

また、（「喩例」との）性質の相違性にもとづいて。（一・一・三五）

「喩例」とは、論証されるべきものと（或る）性質を共通にしているので、それの（もう一つの）性質をも有する（ようになる）実例である。（一・一・三六）

あるいは、それの反対によって（或る実例）が、反対の（「喩例」）である。（一・一・三七）

「適用」とは、「（何某もまた喩例と）同様である」または、「（しかし、何某は喩例と）同様ではない」というように、喩例にもとづいて、論証されるべきものに（喩例の性質を、肯定的または否定的に）適合させることである。（一・一・三八）

「結論」は、理由を表示してから、提案を再説することである。（一・一・三九）（服部訳、三七二～六頁）

既に述べたように、インドの論証の中核は喩例にある。喩例には二種あり、(1)論証されるべきもの、すなわち、論証の主題(p)と共通の性質をもつ「同喩例」(d)と、(2)共通の性質をもたない「異喩例」(v)とである。

同喩例を用いるか、異喩例を用いるかによって、二種の論証式を構成することが可能である。ヴァーツヤーヤナの挙げる実例を見てみよう。

【論証式一】

提案「語は非恒久的である」
理由「発生するものであるから」
喩例「発生するものである皿などの実体は非恒久的である」
適用「語も同様に発生するものである」
結論「ゆえに、発生するものであるから、語は非恒久的である」

【論証式二】

提案「語は非恒久的である」

理由「発生するものであるから」
喩例「発生しないものであるアートマンなどの実体は恒久的であると経験上認められる」
適用「語はそれと同様に発生しないものではない」
結論「ゆえに、発生するものであるから、語は非恒久的である」（服部訳、三七七頁）

ここで、「語」が目下の論証されるべき主題（p）である。「非恒久的であること」がpに関して論証されるべき性質（S）である。「発生するものであること」がpに関してSを論証する根拠（H）であり、「論証する性質」とも、時には「徴表」（＝目印）とも呼ばれる。「皿などの実体」が同喩例（d）であり、「アートマンなどの実体」が異喩例（v）である。

略号を用いて右の論証式を次のように一般的に書き換えることができる。

【論証式二】
提案「主題pは性質Sをもつ」
理由「性質Hをもつから」

喩例「性質Hをもつ実例dは、性質Sをもつ」
適用「主題pも性質Hをもつ」
結論「ゆえに、主題pは性質Hをもつから、性質Sをもつ」

【論証式二】

提案「主題pは性質Sをもつ」
理由「性質Hをもつから」
喩例「性質Hをもたない実例vは、性質Sをもたない」
適用「主題pは性質Hをもたないことはない」
結論「ゆえに、主題pは性質Hをもつから、性質Sをもつ」

このように、インド論理学の命題は「基体xは性質Aをもつ」あるいは「基体xに性質Aが所属する」という基本構造をもっている。つまり、この世に実際に存在するある特定の存在に関する判断という性格を色濃くもっている。その意味で、ギリシャに端を発する西洋論理学の伝統において主流をなす、繋辞《けいじ》により主語・述語の関係を表現する「AはBである」という抽象的な判断形式とは区別される。たとえインド論理学の命題の実際の表現が主語・述語の形式をとっていても、その深層構造として意図されているのは、あくまでも基体・属性の関係であることに注意しなければならない。

第三章に挙げた『チャラカ・サンヒター』の一対の主張と反主張（一三六～七頁参照）を、同じように略号で表すと、いずれも次のようになる。

提案「主題pは性質Sをもつ」
理由「性質Hをもつから」
喩例「実例dのように」
適用「実例dが性質HとSをもつように、主題pも性質HとSをもつ」
結論「ゆえに、主題pは性質Sをもつ」

喩例の表現形式は、『チャラカ・サンヒター』の方が、ヴァーツヤーヤナに比べて簡潔であり、古代インドの討論のより古い形を伝えている。いずれにせよ、インド論理学の論証式は、同一学派内、あるいは異なる学派間の討論・論争を形式的に整備する目的のために発達させられたに違いない。ヴァーツヤーヤナが挙げる例は、天啓聖典としてのヴェーダの「語」が永遠不滅であると主張するミーマーンサー学派に対して、ヴェーダの「語」

といえども人間によって発せられることばである以上は非恒常的であると主張するヴァイシェーシカ学派の立場を論証式で表現したものである。

論証のプロセス——類推

インドの論証は次のプロセスでなされている。

(1)「ある主題pが性質Sをもつ」という主張が提示される。

(2)次に、その理由として「pは別の性質Hをもつから」と言われるが、それだけでは十分な説得力をもたない。

(3)そこで、実例を挙げることが必要になる。同喩例は、二つの性質HとSをあわせもつ具体例dを挙げたものであるが、それから「HをもつならばSをもつ」というようにHとSとの間に随伴関係が想定されることになる。同様に、異喩例は、HもSももたない具体例vを挙げることによって、「HをもたなければSをもたない」という排除の関係が想定されている。

(4)このような想定を当該の主題pに適用することによって、「pはSをもつ」という最初の提案が、結論として導き出される。

このようなプロセスは、まさに肯定的もしくは否定的な具体例から推理する、「類推」

による推理、「例証」に他ならない。

「発生するものである皿などが非恒久的であるから、

同じく発生するものである語も非恒久的であろう」

ということに尽きる。

ここでは単にHとSとの間の随伴と排除の関係が示されるだけで、「どうして性質Hをもつ基体は、必ず性質Sをもつと言えるのか」「HとSとの間にはどのような関係がなければならないのか」という問題意識は見られない。第二章で紹介したように、推理を正当化する関係は何かという問題意識は、ヴァイシェーシカ学派やサーンキヤ学派のように、問答法や論証法よりも、存在論や認識論に深い関心を示した哲学者たちによって発展させられたのである。

論証の誤謬――『ニヤーヤ・スートラ』の疑似的理由

インドの討論術の伝統では、第三章で見たように、まず論争中にどのような規則違反をすれば「敗北の立場」となるかが問題とされた。次に自己の立場を主張するために立てる五支からなる論証式中の「理由」が、正しい理由に似て非なる「疑似的理由」であるなら、敗北の立場に陥ると見なされるようになった。

ここでは『ニヤーヤ・スートラ』の記録する最初期の疑似的理由について詳しく見ておこう。より進歩した理論はのちに言及する。

疑似的理由としては、次の五つのものが挙げられる。

「疑似的理由」とは、

(一) 迷いのあるもの、

(二) 反対のもの、

(三) 主題と似ているもの、

(四) 論証されるべきことと同じもの、

(五) 時間の過ぎ去ったものである。(一・二・四)(服部訳、三八六頁)

(一) 迷いのある理由

「迷いのある理由」は、「決定性をもたないもの」(一・二・五)と定義されるが、ヴァーツヤーヤナは次のような論証式を例として挙げる。

提案「語は恒常である」

理由「可触性をもたないから」

喩例「可触性をもつ壺は恒常でないことが経験的に認められる」
適合「語はそれと同じように可触性をもつものではない」
結論「ゆえに、可触性をもたないから、語は恒常である」（服部訳、三八六〜七頁）

喩例には、目下論証されるべき主題（今の場合「語」）と共通性をもつか、もたないかによって、「同喩例」と「異喩例」の二種あるが、右の論証式の喩例は「異喩例」であることが注意されなければならない。

さて、壺は可触性をもち、かつ恒常でないことはよく知られているが、同じように可触性をもつ原子は、ニヤーヤやヴァイシェーシカの存在論では、恒常であるとされる。したがって、可触性は恒常でないものにも、恒常なものにも存在する。一方、可触性をもたないものについて考えると、アートマンは恒常であるが、意識は恒常でない。

「恒常性」をa「可触性」をbで表すと、ニヤーヤやヴァイシェーシカの存在論を前提とする「話の世界」を、

{a.-b} {-a.b} {a.b} {-a.-b}

という四つの部分に分割することができる（図四参照）。

いまの場合、それぞれに「アートマン」「壺」「原子」「意識」という実例を入れること

ができるから、四つの部分のいずれも空集合ではない。

「不可触性」という理由から、「恒常なもの」（a）と「恒常でないもの」（-a）という相容れない二つの領域からなる「話の世界」を眺めると、そのいずれの領域にも不可触性は存在するから、それがどちらか一方にだけ存在するとは確定できない（図五参照）。したがって、「可触性をもたないから」という理由は、語が恒常であるか否かを決定することができない「迷いのある理由」と呼ばれるのである。

図四

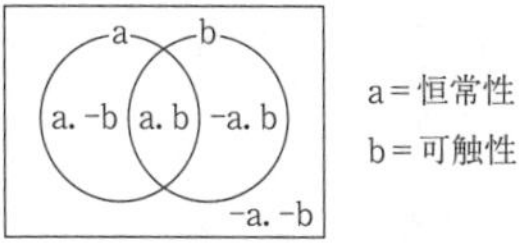

{a. -b} ＝恒常的で、不可触性のもの。
例えば、アートマン。
{-a. b} ＝非恒常的で、可触性のもの。
例えば、壺。
{a. b} ＝恒常的で、可触性のもの。
例えば、原子。
{-a. -b} ＝非恒常的で、不可触性のもの。
例えば、意識。

図五

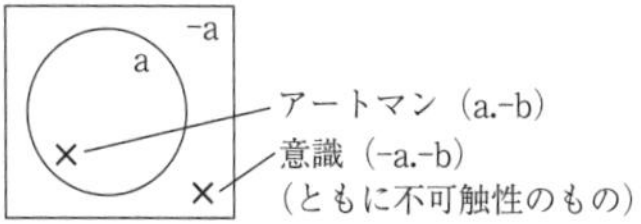

(二) 反対の理由

「反対の理由」は、「定説を承認したのちに、それに背反するもの」（一・二・六）と定義される。ヴァーツヤーヤナは、サーンキヤ学派の次のような二つの定説を例として挙げる。

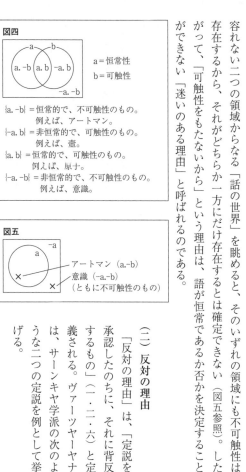

提案一「この派生物（原質から開展した諸原理）は顕現からかくれ去る」
理由一「それは恒常性を排斥するから」
提案二「（この派生物は顕現から）かくれ去っても存在する」
理由二「それは消滅を排斥するから」（服部訳、三八七頁）

この場合、提案二の「派生物は顕現からかくれ去っても存在する」とは、「派生物は恒常である」ということに他ならないから、これを定説として承認する限り、「派生物は恒常ではありえない」という理由一は、定説に背反するものとなる。逆に、理由二は提案一の定説と背反するものということができる。要するに、自分の認める定説と「相容れない理由」を論証式で用いてはならないということである。

（三）主題と似ている理由

「主題と似ている理由」は、「主題に関する考察が生じてくるもとになる点が、そのまま確定のために提示されたもの」（一・二・七）と定義される。ここで「主題」（プラカラナ）とは、まだ確定されていない主張命題ないし反主張命題のことである。目下の議論の的になっている事柄が、理由として用いられても、確定的な結論を導き出すことはできないということであろう。ヴァーツヤーヤナは、次のような二つの相対立する論証式を挙げる。

提案「語は非恒久的である」
理由「恒久性が認められないから」
喩例「恒久性が認められない皿などは、非恒久的であることが経験的に知られる」

提案「語は恒久的である」
理由「非恒久性が認められないから」
喩例「非恒久性が認められない虚空などは、恒久的であることが経験的に知られる」
（服部訳、三八八頁）

「恒久性が認められないこと」すなわち「非恒久性」と考えれば、右のどちらの論証式も、主張内容がそのまま理由として用いられていることになるから、「Aである。だからAである」という同語反復の、全く説得力のない論証である。アリストテレスの「論点先取の誤謬」に当たる。

しかし、ニヤーヤ学派では、右の二つの論証式は、いずれが正しいとも決定できないという点に力点が置かれている。したがって、後代のニヤーヤ学派では、この種の疑似理由は「対等の反主張をもつもの」と呼ばれることになる。

(四) 論証されるべきことと同じ理由

「論証されるべきことと同じ理由」は、「それ自体が論証されるべきであるから、論証されるべきことと変わりないもの」(一・二・八)と定義される。ヴァーツヤーヤナは次の例を挙げる。

提案「影は実体である」
理由「運動を伴うから」(服部訳、三八九頁)

「影は運動を伴うから」という理由は、それ自体が証明を必要とする。なぜならば、「いったい、影も人間と同じように歩行するのか、あるいは(光を)遮る実体(=人間)が動くとき、遮蔽の連続によって、この、光の非存在の連続(=影)が捉えられるのか」いずれが正しいかが、まず確定されなければならないからである。その意味で、この理由は

「論証されるべきことと変わりないもの」と呼ばれるのである。

まだ確立されていない命題が理由の資格をもちえないことは論を待たない。この種の理由は後代には「不成《ふじょう》」という疑似的理由の一種に分類される。

（五）時間を過ぎ去った理由

「時間を過ぎ去った理由」は、「時間を経過して提示されたもの」（一・二・九）と定義される。既に挙げた「敗北の立場」のうち（一〇）「時機を得ない陳述」（一四二頁参照）と混同してはならないと、ヴァーツヤーヤナがわざわざ注意することは、この疑似的理由の出自が「敗北の立場」にあることを逆に示唆しているように思われる。『チャラカ・サンヒター』が（一〇）とは別にこの疑似的理由をたてないことも、そのような推測を可能にする。ヴァーツヤーヤナは、次のようなあまり適切とは思われない例を提示する。

提案「語は恒久的である」
理由「結合によって開顕されるから」
喩例「たとえば色のように。顕現以前にも以後にも存在する（壺の）色は、灯火と壺の結合によって開顕される」

適合「それと同様に、語も（恒久的に）存在し、太鼓と枹《ばち》の結合によって、あるいは木と斧の結合によって、開顕される」

結論「それゆえに、結合によって開顕されるから、語は恒久的である」（服部訳、三九〇頁）

この理由は「時間を過ぎ去ったもの」と呼ばれる。なぜかというと、灯火と壺が結合するや否や、壺の色は開顕される（＝見える）が、遠くで起こった太鼓と枹の結合からしばらく時間が経過して音声は開顕される（＝聞こえる）のであって、音の開顕は結合の時間を過ぎているからである。「音声は結合によって開顕される」という理由は、結合と開顕の間に時間差があるゆえ直接的な因果関係を想定しがたいため、疑似的理由とされるという趣旨のようである。

しかし、本当に問題なのは、ヴァーツヤーヤナも指摘するように、右の論証式の理由と喩例の間に整合性がないという点にある。目下の例は、理由の誤謬というより、むしろ喩例の誤謬と見なされるのではないか。おそらくこのような問題を抱えているからであろう、後代のニヤーヤ学派では、この疑似的理由は全くその解釈が変えられ、次のような例が挙げられる。

提案「火は熱くない」
理由「(構成要素によって)作られたものであるから」
喩例「水のように」

目下の提案は、火の近くに手をおけば熱く感じるという、触覚器官(＝皮膚)による知覚によって既に否定されている。したがって、「作られたものであるから」という理由が提示されても、時機を逸している、という意味でここに採用されたのであろう。この疑似的理由は「その対象(＝提案内容)が既に否定されている理由」と呼ばれるようになる。しかし、この例もまた、理出の誤謬というより、むしろ提案の誤謬と見なされるべきである。

「因の三相説」――誤った理由の反省から正しい理由の発見へ

疑似的理由の考察は、正しい理由の特徴の吟味へと展開したのであった。おそらく、推理を正当化する関係概念は何かという関心を強くもっていた、ヴァイシェーシカ学派やサーンキヤ学派などインド認識論の伝統に影響されたのであろう、論理学者の間にも、論証を成立させる「正しい理由とは何か」という問題意識が生じて来る。その結果、後にインド論理学で重要な位置を占める「因の三相説」が登場したのである。つまり、論証式中に提示される理由が、三つの特徴（相）をもつ、すなわち、三つの条件を満足させれば、「正しい理由」として認知されるという考えが出てきた。

誰が最初に因の三相説を唱えたのかは不明である。現存する資料のなかでそれに言及する最古のものは、ヴァスバンドゥの実兄とされる、瑜伽行唯識学派のアサンガ（無著《むじゃく》、四～五世紀）が、ナーガールジュナの『中論頌』の第一章第一偈に対する注解として著した『順中論』（漢訳のみ現存）である。アサンガ自身は「因の三相説」を承認しているわけではないが、対論相手のサーンキヤ学派が、同派の説く現象世界の根本原因である「原質」の存在証明をする際に、若耶須摩《にややしゆま》論師の「因の三相説」を援用するのである。

若耶須摩論師がインド哲学のどの特定の学派に当たるかについては諸説あり、未だ確定されていない。「若耶須摩」は「論理愛好家」を意味し、ニヤーヤ学派を指すと理解することもできるが、アサンガやヴァスバンドゥとほぼ同時代のヴァーツヤーヤナが未だ「因の三相説」に全く言及しないことから、その可能性は低い。むしろ、同説が主として仏教論理学者によって発展させられたという歴史的経緯を考慮すると、仏教内部の論理学者と考えるのが適当であろう。

『順中論』に引用される因の三相のフォーミュラを、後代のスタンダードな表現に合わせて多少書き換えてみると、次のようになる。

理由（因）は、

（1）論証の主題の属性であり（主題への所属性）、

（2）同類に存在し（同類への随伴）、

（3）異類には存在しないこと（異類からの排除）。

先の略号を用いて表現すると次のようになる。

（1）主題への所属性：理由Hは主題pに存在すること。

（2）同類への随伴：論証されるべき性質Sをもつものには、理由Hが存在すること。

（3）異類からの排除：性質Sをもたないものには、理由Hは存在しないこと。

『順中論』には、次のような論証式の具体例も挙げられている。

提案「語は非恒久的である」

理由「作られたものであるから。（中略）」

喩例「もしものが作られたものであるなら、すべて非恒久的である。例えば、壺などの如し」

適用「語もまたそのようである」

結論「作られたものであるから、語は非恒久的である。（後略）」

この論証式を先に挙げた『チャラカ・サンヒター』やヴァーツヤーヤナの論証式の例と比較するとき、「喩例」の表現の大きく違うことが容易に気づかれる。

『チャラカ・サンヒター』では単に

「例えば、虚空のように」「例えば、壺のように」

と実例が挙げられるだけであった。

一方、ヴァーツヤーヤナでは

「発生するものである皿などの実体は非恒久的である」

というように「論証されるべき性質」（S）と「理由」（H）が共存する実例と、

「発生しないものであるアートマンなどの実体は恒久的であると経験上認められる」

というように、SもHも見いだされない実例をそれぞれ一つ挙げるだけである。いずれの場合も、「HをもつものはSをもち、Hをもたないものは Sをもたない」という随伴と排除の関係にもとづいて、「pはHをもつからSをもつ」という類比推理が行われているのである。

ところが、『順中論』では喩例は

「もしものが作られたものであるなら、すべて非恒久的である」

という命題の形で提示されている。これは

「およそ作られたものは非恒久的である」

と書き換えることができ、集合の概念を導入すれば、

「作られたものの集合が非恒久的なものの集合によって包摂される」

という関係である。後にディグナーガによって、「遍充関係」と呼ばれたものに他ならない。「壺など」の実例はこのような「遍充関係」を保証する具体例として挙げられているのである。

類比推理から帰納推理へ

因の三相のうち第一相は、理由である「所作性」(作られたものであるという性質)が論証の主題である「語」に所属するということである。論証に際しては、語が作られたもの、つまり、発話者の発声器官や意志的努力などによって生じたものであることが、何らかの仕方でまず確認されていなければならない。そもそも語が作られたものでないとすれば、目下の論証は最初から成立しないからである。

第二相と第三相は、理由である「所作性」が論証の主題である「語」と同様に非恒久的

なもの、例えば壺などの「同類」に存在することと、それとは反対の恒久的なもの、例えば虚空などの「異類」には存在していないことである。

実はこの両相は、単に正しい理由のもつべき特徴、満足させるべき条件というだけでなく、後に「同類への随伴」と「異類からの排除」と呼ばれることからも分かるように、理由（H）と論証されるべき性質（S）との間に何らかの関係を発見するための「帰納法の原理」として機能している。その関係とは、ことばとその意味の理解、火と煙、感覚器官と認識のような具体的な因果関係ではなくて、喩例に提示される、

「もしものが作られたものであるなら、すべて非恒久的である」

という一般的な法則である。つまり、因の第二相と第三相は、集合Hと集合Sとの間の「遍充関係」を確定するための帰納推理のプロセスを表しているのである。その結果、第二相と第三相を満足させる理由（H）は論証されるべき性質（S）との間に「知らしめるもの」と「知らしめられるもの」という関係を結ぶことになり、「正しい理由」と呼ぶことができるのである。

壺などの非恒久的なもののなかには「所作性」が見いだされ（随伴）、虚空などの恒久的なもののなかには「所作性」が見いだされない（排除）という事実を経験的に確かめたうえで、

「およそ作られたものは非恒久的である」

という一般法則を導き出す。

これを目下の論証の主題である「語」に適用することによって、

「語は作られたものであるから非恒久的である」

という結論に至ることができる。このような推理をもはや「類比推理」と呼ぶことはできない。帰納法の原理によって導き出された一般法則にもとづく「帰納推理」である。それは、アリストテレスによって確立された公理主義的な「演繹論理」とは峻別されなければならない。

「帰納推理」こそインド論理学を特徴づける最善のキーワードである。実に、「因の三相説」の導入によってインド論理学は飛躍的にその性格を変化させ、進歩したと言わなければならない。

帰納領域の分析

「話の世界」を

（1）既に経験した既知のものの集合、と

（2）未だ経験していない未知のものの集合

とに二分しよう。

インド論理学における推理・論証は、

（1）既知のものの集合からなる領域において、随伴と排除によって、ある一般法則を経験的に確立し、

（2）それを未知の領域のある項目（論証の主題p）に適用して、

（3）結論を導き出す

という基本的な構造をもっている。既知の領域において確立された法則を未知の領域に適用するという点で、まさに「帰納的」である。このような帰納推理を成立させる領域という意味で、既知のものの集合を、マギール大学の仏教学者リチャード・ヘイズにならって「帰納領域」と呼ぶことにする。

図六：帰納領域

帰納領域は、論証されるべき性質（S、例えば「非恒久性」）をもつものの集合（+S）とその補集合（-S）に二分される。前者が「同類」、後者が「異類」と呼ばれる（図六）。

さらに、論証されるべき性質（S）と理由となる性質（H）とを二項とするヴェン図を描くと、帰納領域を

{+S.-H}　{-S.+H}　{+S.+H}　{-S.-H}

という四つの領域に分けることができる（図七）。
因の第二相の「理由の同類への随伴」とは、{+S.+H}（＝非恒久的で、作られたもの）に「壺」などの実例があり、空集合ではないということである。
因の第三相の「異類からの排除」とは、{−S.−H}（＝恒久的で、作られたものではないもの）の領域には「虚空」という実例があり、やはり空集合ではないということである。——もちろん、虚空の実在性を認めない哲学者たちには、空集合となるが。

一方、{+S.−H}（＝非恒久的で、作られたものではないもの）と{−S.+H}（＝恒久的で、作られたもの）は、実例が見あたらないから、空集合である。

この結果をヴェン図で表せば、図八となる（アミ部分は空集合を意味する）。{+H}（＝作られたもの）の集合

図七

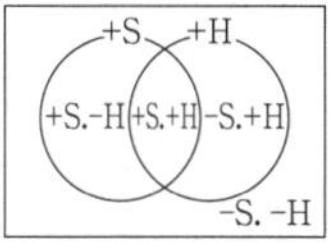

S＝論証されるべき性質
（例えば、非恒久性）
H＝理由となる性質
（例えば、所作性）

{+S. −H}＝非恒久的で、作られたものではないもの（空集合）。
{−S. +H}＝恒久的で、作られたもの（空集合）。
{+S. +H}＝非恒久的で、作られたもの。例えば、壺。
{−S. −H}＝恒久的で、作られたものではないもの。例えば、虚空。

図八

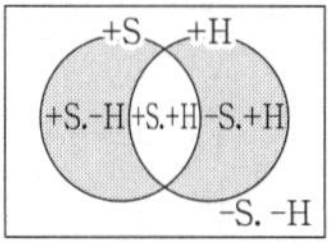

（アミ部分は「空集合」を意味する。）

と{+S}（＝非恒久的なもの）の集合とが外延を等しくすることは明らかである。

かくして、「およそ作られたものは非恒久的である」という一般法則が確立される。また、外延を等しくする限りは、「およそ非恒久的なものは作られたものである」という関係も成立するが、今は「所作性」という理由によって「非恒久性」を論証することが目的であるから、第二の関係は要請されない。

以上のようにして確立された一般法則を、恒久的であるか否かが決定されていないという意味で未知の領域に属する主題「語」（p）に適用すると、

「作られたものであるから、語は非恒久的である」

という結論が導き出されるのである。

このような随伴と排除という帰納的プロセスによって導き出される一般的法則、言い換えると、理由（H）と論証されるべき性質（S）の間に成立する関係は、サーンキヤ学派やヴァイシェーシカ学派が、推理を正当化する関係として列挙した「所有者と所有物との関係」「敵対関係」「因果関係」「内属関係」など（第二章五九〜六二頁参照）、ものとものとの間に成立する具体的な関係とは違って、二集合間に成立する包摂関係に相当する、いわば抽象的な関係である。

ヴァスバンドゥは、それを「不可離の関係」と呼んでいる。その原語は「XなしにYが

あることはない」という意味であり、もしもSとHの間に「SがなければHもない」という関係が成立すれば、HによってSの存在を推理することができるとされる。

例えば、火と煙の間には「火のないところには煙は立たない」という俚諺《りげん》があるように不可離の関係があるから、遠くの山に立ち昇る煙を見て、その下に火の存在を推理することができるのである。「不可離の関係」は本質的には、Sのないところ（＝異類）から、Hが排除されるという、因の第三相に相当する。

ディグナーガ――遍充関係

ディグナーガは、ヴァスバンドゥの「不可離の関係」を、既に述べたように、集合{+H}と集合{+S}の間の「遍充関係」と捉え直すのである。彼は遍充関係を明示するために、因の三相に新しい解釈を導入する。元来、因の第二相と第三相は、理由（H）が

（2）同類（+S）への随伴、と

（3）異類（−S）からの排除

という二つの条件を満足させていることを確認して、HとSの間に「知らしめるもの」と「知らしめられるもの」という関係が成立することを発見する帰納的プロセスを表すものであった。

例えば、語の非恒久性を論証する場合、同類は論証されるべき性質である「非恒久性」をもつものの集合であり、異類はその補集合である。理由として想定される「所作性」（作られたものという性質）は、論証されるべき性質「非恒久性」と、

「非恒久的なもの（＝同類）には、所作性が随伴する」

「恒久的なもの（＝異類）からは、所作性が排除される」

という随伴と排除の関係があるから、正当な理由と見なされる。そして、このような帰納的プロセスを経て、

「およそ作られたものは非恒久的である」

という一般的法則が導き出されるのであった。

ところが、ディグナーガは因の第二相と第三相に対して、別の定式化をも提示する。

（2）同類（＝Sをもつもの）にのみ、Hが存在すること。

（3）異類（＝Sをもたないもの）には、Hは決して存在しないこと。

「のみ」あるいは「決して」と和訳したのは、いずれも「制限・限定」を意味する梵語の不変化詞（eva）に相当する。パーニニ派の文法学者ヴィヤーディに帰せられる解釈規則によると、XとYの二語からなる文章において、Yにこの不変化詞が付けば、XはYによって限定されることになる。言い換えれば、Xの領域はYの領域に制限されるのである。

このようなXは「被限定者」、Yは「限定者」と呼ばれている（図九参照）。

例えば、

｛ayaṃ gaur eva｝

という文は、

「これは牛に他ならない」

という意味であり、「これ」（ayam）という語の指示する対象が、「牛」（go）の集合の内部に制限されて、その集合の外部の「馬」や「犬」などの四足動物の集合には含まれないということである。

図九「これは牛に他ならない」

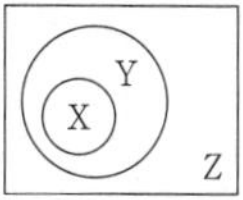

図十「Sをもつものにのみ、Hが存在する」

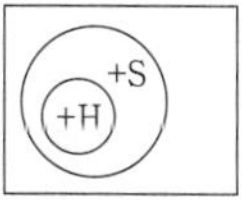

図十一「Sをもたないものには、Hは決して存在しない」

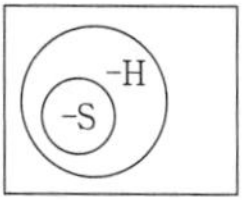

この解釈規則をディグナーガの因の三相のフォーミュラの解釈に適用すると、第二相では、Sの存在領域である「同類」に限定詞（eva）が付けられているから、Hの存在領域がSの存在領域によって制限される。

つまり、前者が後者によって包摂さ

れることが理解される（図十）。

一方、第三相では、Hの非存在に限定詞（eva）が付けられているから、Sの非存在領域（$\bar{S}$＝異類）がHの非存在領域（$\bar{H}$）によって包摂されると理解されるのである（図十二）。

両図は表裏の関係にあるから、ディグナーガの解釈に従えば、因の第二相と第三相とは論理的に全く等価であることになる。両者はいずれも「Hの集合はSの集合によって遍充される」という「遍充関係」を肯定的もしくは否定的な形で表しているのである。

先の例に、ディグナーガの因の三相の解釈を適用すると、

「非恒久的なもの（＝同類）にのみ、所作性は存在する」

「恒久的なもの（＝異類）には、決して所作性は存在しない」

というように、「所作性」と「非恒久性」との間に、

「およそ作られたものは、非恒久的である」

「およそ恒久的なものは、作られたものではない」

という一般的法則、彼の表現に従えば、非恒久的なものの集合による作られたものの集合の「遍充関係」、すなわち「包摂関係」が明示されているのである。

ディグナーガに至って、因の第二相と第三相は、単に随伴と排除という関係発見のため

の帰納的プロセスを表すだけでなく、それぞれの定式に限定詞（eva）を挿入することによって、帰納的プロセスによって発見された一般的法則、すなわち「遍充関係」を正確に表す論理的言明という役割をも負わされることになったのである。

インド論理学に対するディグナーガの最大の貢献は、この遍充関係の理論を初めて定式化し、推理・論証の基礎理論として確立したことであろう。彼以降のインドの論理学者たちは、学派の垣根を超えて、ほとんど例外なく推理・論証を正当化する根拠としてこの理論を採用するようになるのである。

実に、遍充関係の理論こそインド論理学の中核理論である。

この遍充関係を発見する方法として、文法学派が開拓した「随伴」と「排除」という帰納法の原理が用いられること、さらに遍充関係を正確に定式化するために同じく文法学派の不変化詞の用法が利用されることを考慮すると、インド論理学の発展にインド文法学が決定的な役割を果たしたと言っても過言ではない。

九句因説

インド論理学に対するディグナーガのもう一つの貢献は、同類と異類とからなる帰納領域に理由がどのように随伴し、排除されるかを網羅的に検討し、そのすべての場合を枚挙

して、そのなかから正しい理由となる場合を抽出しようと試みた「九句因説《くくいん》」である。理由が

（1）同類の全体に随伴するか、

（2）その一部にのみ随伴するか、

（3）全く排除されるか。

同様に、

（1）異類の全体に随伴するか、

（2）その一部に随伴するか、

（3）全く排除されるか。

それぞれ三つの可能性があるから、三×三＝九通りの組み合わせが可能であるとディグナーガは考えたのであった。

これに加えて、同類・異類がそれぞれ空集合である場合を考慮して、四×四＝十六通りの完全枚挙に成功したのは、ニヤーヤ学派のウッディヨータカラであった。

九句因の考察の対象となる「理由」は、すべて目下の論証の主題である「語」の属性であることが確認できる。したがって、因の三相の第一相、正しい理由の第一条件である「主題所属性」を満足させている。もしも当該理由がこの条件を満たさないならば、「不

ディグナーガの九句因の表

	【論証式一】	【論証式二】	【論証式三】
提案	語は恒久的である。	語は非恒久的である。	語は努力の所産である。
理由	認識対象であるから。	作られたものであるから。	非恒久的であるから。
喩例	虚空の如し、壺の如し。	壺の如し、虚空の如し。	壺の如し、稲妻と虚空の如し。
	【論証式四】	【論証式五】	【論証式六】
提案	語は恒久的である。	語は恒久的である。	語は恒久的である。
理由	作られたものであるから。	聞かれるものであるから。	努力の所産であるから。
喩例	虚空の如し、壺の如し。	虚空の如し、壺の如し。	虚空の如し、壺と稲妻の如し。
	【論証式七】	【論証式八】	【論証式九】
提案	語は努力の所産ではない。	語は非恒久的である。	語は恒久的である。
理由	非恒久的であるから。	努力の所産であるから。	形態をもたないから。
喩例	稲妻と虚空の如し、壺の如し。	壺と稲妻の如し、虚空の如し。	虚空と原子の如し、運動と壺の如し。

図十二　ディグナーガの九句因とウッディヨータカラの十六句因

（主題は、原則として語）

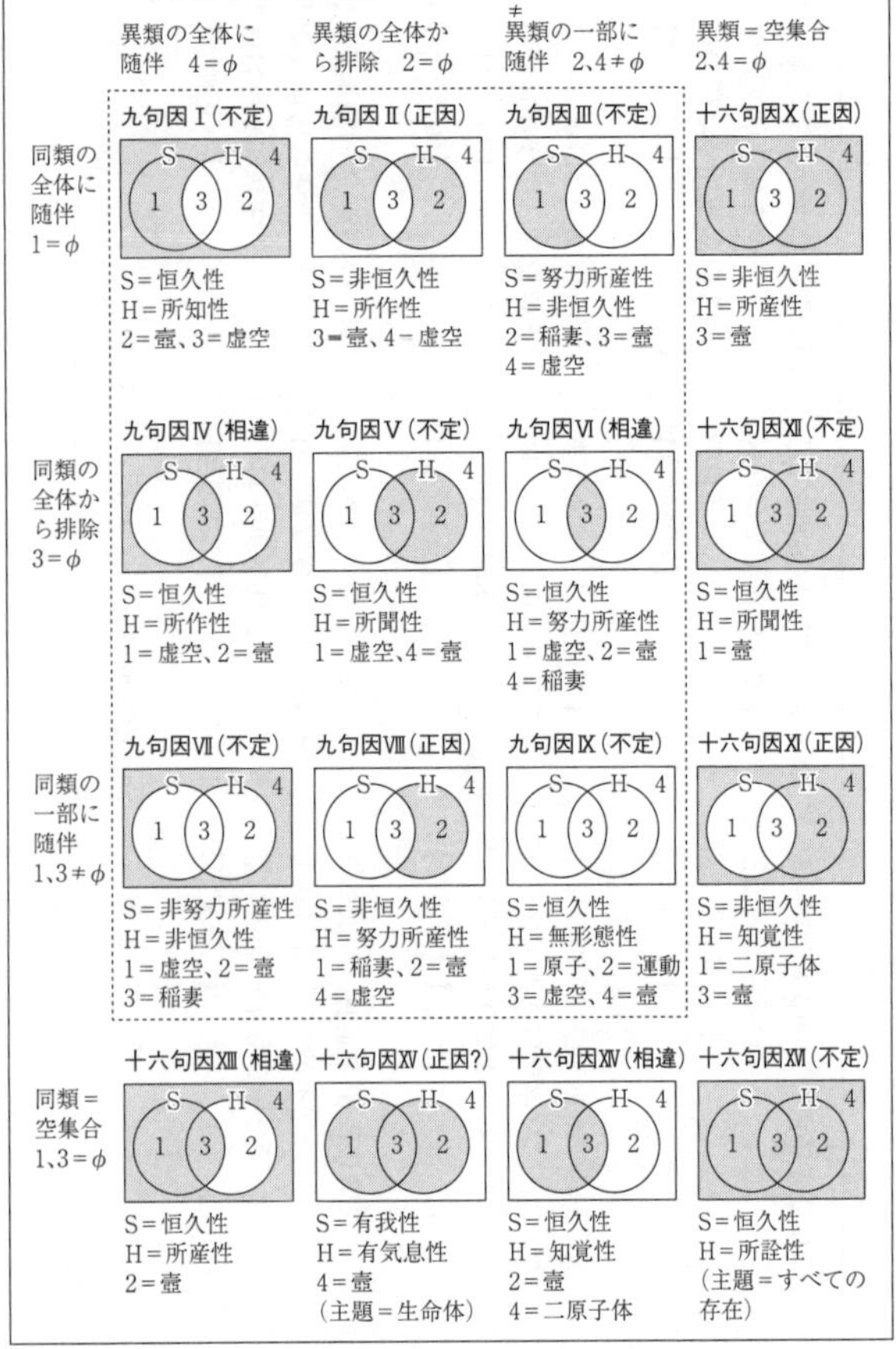

異類の全体に随伴　4=φ
異類の全体から排除　2=φ
≠
異類の一部に随伴　2、4≠φ
異類=空集合 2、4=φ
同類の全体に随伴 1=φ
九句因 I（不定）
S　H　4　1　3　2
S=恒久性
H=所知性
2=壺、3=虚空
九句因 II（正因）
S　H　4　1　3　2
S=非恒久性
H=所作性
3=壺、4=虚空
九句因 III（不定）
S　H　4　1　3　2
S=努力所産性
H=非恒久性
2=稲妻、3=壺
4=虚空
十六句因 X（正因）
S　H　4　1　3　2
S=非恒久性
H=所産性
3=壺
同類の全体から排除 3=φ
九句因 IV（相違）
S　H　4　1　3　2
S=恒久性
H=所作性
1=虚空、2=壺
九句因 V（不定）
S　H　4　1　3　2
S=恒久性
H=所聞性
1=虚空、4=壺
九句因 VI（相違）
S　H　4　1　3　2
S=恒久性
H=努力所産性
1=虚空、2=壺
4=稲妻
十六句因 XII（不定）
S　H　4　1　3　2
S=恒久性
H=所聞性
1=壺
同類の一部に随伴 1、3≠φ
九句因 VII（不定）
S　H　4　1　3　2
S=非努力所産性
H=非恒久性
1=虚空、2=壺
3=稲妻
九句因 VIII（正因）
S　H　4　1　3　2
S=非恒久性
H=努力所産性
1=稲妻、2=壺
4=虚空
九句因 IX（不定）
S　H　4　1　3　2
S=恒久性
H=無形態性
1=原子、2=運動
3=虚空、4=壺
十六句因 XI（正因）
S　H　4　1　3　2
S=非恒久性
H=知覚性
1=二原子体
3=壺
同類=空集合 1、3=φ
十六句因 XIII（相違）
S　H　4　1　3　2
S=恒久性
H=所産性
2=壺
十六句因 XV（正因?）
S　H　4　1　3　2
S=有我性
H=有気息性
4=壺
（主題=生命体）
十六句因 XIV（相違）
S　H　4　1　3　2
S=恒久性
H=知覚性
2=壺
4=二原子体
十六句因 XVI（不定）
S　H　4　1　3　2
S=恒久性
H=所詮性
（主題=すべての存在）

成」と呼ばれる「疑似的理由」と見なされることになる。

ディグナーガが、初期の小著『因輪論《いんりんろん》』に挙げる九句因の論証式を二八七頁に表にして挙げる。おそらく簡潔に表示するためであろう、喩例には具体的な実例の名称が挙げられるだけである。

これらの論証式における「理由」(H)と「論証されるべき性質」(S)との関係を明示するために、同類(+S)と異類(-S)、理由の存在領域(+H)と非存在領域(-H)という区分に従って「帰納領域」(図六・七参照)を分割し、実例の挙げられない領域は空集合と見なしてアミを付して表示すると、図十二のようになる。便宜上、のちに挙げるウッディヨータカラの十六句因も図示しておく。ヴェン図の各領域におけるアミ部分の有無の組み合わせが十六通りであることからも、ウッディヨータカラの枚挙の完全性が証明される。数字の1、2、3、4はそれぞれ{+S.-H}{-S.+H}{+S.+H}{-S.-H}に対応する。実例は各図の下に当該番号を付して挙げる。

三種の疑似的理由

九句因の第一は「認識対象性」である。この理由は、同類(恒久的なもの、例えば虚空)の全体にも、異類(非恒久的なもの、例えば壺)の全体にも見られる。したがって、語が認識されるからといって、恒久的であるとも、そうでないとも確定することはできない。

九句因の第三・第七・第九も、同様に理由が同類にも異類にも見られるから、第一の理由とともにいわゆる「不定《ふりょう》」という疑似的理由に分類される。これらの疑似的理由は「同類への随伴」という因の第二相は満足させているが、「異類からの排除」という第三相を満足させていないから、正しい理由とは見なされえないのである。

九句因の第五番目の「聞かれるものであること」（所聞性）は、論証の主題である「語」特有の性質であるから、同類（恒久的なもの）にも、異類（非恒久的なもの）にも全く見られない。そもそも恒久性の有無が問われている論証の主題は、同類と異類とからなる目下の「帰納領域」には所属しないのであるから、論証主題に特有の性質は帰納領域にはありえないのである。この種の理由は「異類からの排除」という因の第三相は満足させるが、「同類への随伴」という第二相は満足させない。そして、理由を支持する類似の実例が全くないという意味で「不共不定《ふぐうふりょう》」と呼ばれる疑似的理由である。

九句因の第四番目の「所作性」は、同類（恒久的なもの）には見られず、異類（非恒久的なもの）の全体に見られるから、提案内容と正反対の「語は非恒久的なものである」という命題を証明してしまうことになる。

九句因の第六番目も、同類の全体から排除され、異類の一部に見いだされるから同様である。両者は因の三相の第二・第三相をともに満足させていない。そして、この種の理由は、提案と「相容れない」疑似的理由（相違）と呼ばれる。

このように、九句因のうち七つまでは疑似的理由の例である。因の三相のうち第二・第三相のいずれか一つを満足させないものは「不定」、いずれも満足させないものは「相容れない」疑似的理由と呼ばれる。第一相を満足させないものは「不成《ふじょう》」の疑似的理由と呼ばれる。——合わせて三種の疑似的理由があることになる。

この三種の疑似的理由の理論は、因の三相説の登場によって正しい理由の特徴・条件が考察された結果、考案されたものであろう。ヴァスバンドゥなどディグナーガ以前の仏教論理学者が既に疑似的理由をこの三種に分類している。先に列挙した『ニヤーヤ・スートラ』の五種の疑似的理由のうち、「迷いのある理由」は「不定」に、「反対のもの」は「相容れない」理由にほぼ相当するが、その他のものを仏教論理学者たちは疑似的理由の分類として認めなかったのである。

正しい理由

九句因のうち残された第二・第八番目が「正しい理由」と見なされる。両者は同類の全体もしくはその一部に存在し、異類からは排除されるので、因の第二・第三相をともに満足させているからである。このように見てくると、九句因は正しい理由を探し出すための一種のチェックリストであることが分かる。正当性の基準は、いうまでもなく因の三相の第二・第三相である。

九句因の第二・第八番目が正しい理由と見なされるということは、帰納領域において理由が同類の少なくとも一部には存在し、異類からは完全に排除されることを意味する。これは、とりもなおさず帰納領域において理由の領域が同類に包摂され、遍充されているということである。このようにディグナーガの遍充関係の理論は、九句因の分析から生み出されたと言うことができよう。

ディグナーガの論証式——三支論証

ディグナーガは、ニヤーヤ学派の五支による論証式に対して、「適用」と「結論」という最後の二支は不要であるとして、三支からなる論証式を構成することを主張する。さらに、各論証支は次のような一般的な形式を取らなければならないと強調している。

提案「主題pは性質Sをもつ」

理由「性質Hをもつから」

喩例「およそ性質Hをもつものは、すべて性質Sをもつ。例えば、dのように」
「およそ性質Sをもたないものは、すべて性質Hをもたない。例えば、vのように」

九句因の論証式二と八をディグナーガのこの標準的な論証式の形式に書き改めると次のようになる。

【論証式二】
提案「語は非恒久的である」
理由「作られたものであるから」
喩例「およそ作られたものは、すべて非恒久的である。壺のように」
「およそ恒久的なものは、すべて作られたものではない。虚空のように」

【論証式八】
提案「語は非恒久的である」
理由「努力の所産であるから」
喩例「およそ努力の所産であるものは、すべて非恒久的である。壺のように。

ただし、努力の所産でなくても非恒久的なものもある。稲妻のように」
「およそ恒久的なものは、すべて努力の所産ではない。虚空のように」

論証式二を『順中論』の論証式と比較すると、「適用」と「結論」の二支がないのに加えて、喩例が二つの命題から成る点が異なる。二つの喩例は、それぞれ「類似の喩例」「非類似の喩例」と呼ばれる。両者は、ディグナーガの因の第二相と第三相の新解釈によって表現される集合Sによる集合Hの遍充関係を、肯定的もしくは否定的に表しており、論理的に等価である。

ディグナーガは、このような遍充関係を表すためには、喩例の命題は梵語の統語的なある形式を備えていなければならないと明言している。すなわち、

「およそAなるものは、すべてBである」

という命題は、

{yat A tat B eva}

というように、相関的な二つの関係代名詞（yat...tat）と限定詞（eva）によって表現されなければならないと言うのである。

これはディグナーガが因の三相のフォーミュラに限定詞を導入したことと軌を一にする

ものである。既に述べたように、類似の喩例は因の第二相、非類似の喩例は第三相に相当する。一方、理由命題は、目下の主題である「語」に「所作性」という理由が所属することを述べているのであり、因の第一相を論証式中に再現したものと言える。

さて、二つの喩例が論理的に等価であるなら、どうして両者を併記する必要があるのかという問いが起こるであろう。同じことは因の三相についても言える。もしも第二相と第三相とが論理的に等価であるなら、正しい理由はいずれか一つを満足させればよいのではないかという問いである。

ディグナーガは、このような疑問が起こることを十分承知している。彼は、遍充関係さえ明瞭に示されていれば類似の喩例だけで十分であり、非類似の喩例は提示される必要はないという一方で、最終的には両喩例を併記する必要があるという立場を捨てない。

SとHとの間の遍充関係を帰納領域において確立するためには、SとHとの間に随伴と排除の両方の関係が成立することを確認する必要がある。そして、そのためには随伴を支持する肯定的な実例と排除を支持する否定的な実例がともに存在する必要があるのである。ディグナーガが二喩例の併記に固執した点に、彼の論理学の実例に依拠するという帰納法的性格を読みとることができるのではないか。

なお、喩例の命題には、しばしば「……であると経験される」という表現が挿入される。

これは、喩例が表す一般法則が必ずしも普遍的なものとは限らず、我々の経験世界、すなわち「帰納領域」においてのみ確立される法則であることをディグナーガが強く意識していたことを想像させるものである。

ウッディヨータカラの十六句因

仏教論理学者であるディグナーガが、彼の主著『プラマーナ・サムッチャヤ』において体系的に提示した、遍充関係の理論に基盤を置く「新しいインド論理学」は、仏教徒以外のインド哲学諸派にも大きな影響を与えた。ヴァイシェーシカ学派のプラシャスタパーダ（五五〇～六〇〇頃）は、ディグナーガの論理学をほぼ受け入れつつ、従来の自学派の論理学説との会通《えつう》を試みている。また、ミーマーンサー学派のクマーリラ・バッタもディグナーガの論理学説をあたかも自明の理のように前提としたうえで、自派の形而上学をも考慮して論理学説を展開している。

これに対して、ニヤーヤ学派のウッディヨータカラは、ヴァーツヤーヤナの『ニヤーヤ・スートラ注解』に対する復注『ヴァールティカ』のなかで、ヴァスバンドゥやディグナーガの確立した仏教論理学の諸理論を逐一取りあげて、徹底的に批判している。

例えば、遍充関係に関しても、ディグナーガのように、帰納領域という我々の「話の世界」の一部に成立する集合間の包摂関係とは捉えず、あくまでも経験世界における具体的な二物の間の関係と理解している。ウッディヨータカラにとって、推理・論証を成立させるのは、そのような遍充関係ではなくて、ニヤーヤ学派やヴァイシェーシカ学派が等しく認める六種の存在のカテゴリーの一つ「内属」関係であった（第二章参照）。

向こうの山に立ち昇る煙が、その下に隠れた火の存在を推理させるのは、煙が火に内属しているからだと考えるのである。これは、第二章で述べたように、サーンキヤ学派やヴァイシェーシカ学派が、推理・論証の基盤として「因果関係」「所有関係」「敵対関係」などの具体的なものとものとの間の関係を想定していたのと本質的に同じ立場である。

ウッディヨータカラのインド論理学に対する最大の功績は、上述のように、同類・異類がそれぞれ空集合である場合も考慮して、ディグナーガの「九句因」を「十六句因」に拡大し、同類と異類とからなる帰納領域に理由が随伴し、排除されるすべての場合を完全に枚挙したことである。

次に彼が新たに加える論証式を七個列挙する。ニヤーヤ学派のウッディヨータカラは、むろん五支からなる論証式を用いるのだが、ここでは喩例以下は省略されている。

【論証式一〇】
提案「語は非恒久的である」
理由「生じるものであるから」
【論証式一一】
提案「語は非恒久的である」
理由「外的な感覚器官によって知覚されるから」
【論証式一二】
提案「語は非恒久的である」
理由「聞かれるものであるから」
【論証式一三】
提案「語は恒久的である」
理由「生じるものであるから」
【論証式一四】
提案「語は恒久的である」
理由「外的な感覚器官によって知覚されるから」
【論証式一五】

提案「この生命体はアートマンをもたないもの（無我）ではない」
理由「感覚器官の依りどころではないという望ましくない結果になってしまうから」
【論証式一六】
提案「すべてのものは恒久的である」
理由「認識対象であるから」

論証式一〇～一二は「語は恒久的か、否か」という論争において、例えば経部のように、虚空など「恒久的なもの」という異類の存在を全く認めない人々に対して想定されたものである。

ウッディヨータカラは、論証式一〇・一一の理由は、因の第三相を満足させないが、第一・第二相を満足させるから、「純粋肯定因」という正しい理由であると主張する。この場合、経部には

「およそ生じるものは非恒久的である」
「およそ外的な感覚器官によって知覚されるものは非恒久的である」

という肯定的な遍充関係は成立するが、

「およそ恒久的なものは生じるものではない」

「およそ恒久的なものは外的な感覚器官によって知覚されない」という否定的な遍充関係は、恒久的なものを認めないから成立しない。したがって、論争中の両派にとって「肯定的な遍充関係のみが成立する理由」という意味で「純粋肯定因」と呼ばれたのである。

これら二つの理由は、ディグナーガにとっても正しい理由である。ディグナーガは、異類が空集合である場合、全くの非存在である異類には、いかなる理由も存在しえないから、因の第三相は必然的に満足させられると考えるからである。このように考えると、十六句因の第一〇・第一一の理由は、三相をすべて備えているから、ウッディヨータカラのように「純粋肯定因」と見なす必要はない。――それぞれ九句因の第二・第八の特例にすぎない。

論証式一二の理由は、因の第一相は満足させるが、第二相を満足させないから疑似的理由である。第三相を満足させるか否かは、直前の場合と同様に、ウッディヨータカラとディグナーガでは意見の分かれるところである。――九句因の第五番目「不共不定因」に相当する。

一方、論証式一三・一四は、「恒久的なもの」という同類の存在を認めない人々に対して想定されたものである。両者はともに因の第二・第三相を満足させないから、自身の提案と「相容れない」疑似的理由である。——九句因の第四・第六番目の特例と見なすことができる。

純粋否定因

論証式一五は、アートマンの存在を認めない仏教徒のように「有我《うが》なるもの」という同類が存在しえない人々に対して想定されたものである。この理由は因の第二相を満足させないが、第一・第三相を満足させるから「純粋否定因」という正しい理由である、とウッディヨータカラは主張する。

しかし、提案を支持する肯定的な実例が全くなければ論証は成立しないという立場を厳守するディグナーガには、この理由は正しいものとは認められないはずである。——のちに、ダルマキールティはこの種の理由を肯定的にも否定的にも実例を伴わない「不共不《ふぐうふ》定因《りょういん》」として厳しく批判するのである。

論証式一五は、仏教の無我説を否定して、自派の有我説を間接的に証明する帰謬論証である。アートマンのように、経験的には知ることができない形而上学的存在を論証するためには、必ずしも帰謬論証を正当に評価しなかったインドの論理学者たちでも、帰謬論証に頼らざるをえなかったはずである。

ウッディヨータカラは、帰謬論証を「間接論証」（アーヴィータ）と呼び、次のような論証式を提示している。

提案「この生命ある肉体はアートマンをもたないことはない」
理由「気息などを保有しないという望ましくない結果になってしまうから」
喩例「およそ論争中の両派によって気息などを保有しないと等しく認められているものは、すべてアートマンをもたないと経験される」
適用「しかし、これは気息などを保有しないことはない」
結論「したがって、これはアートマンをもたないことはない」

もしもある生命体が無我であると仮定するなら、ウパニシャッド以来のアートマンこそが外的な感覚器官の背後にある認識主体であるというバラモン思想界の常識により、その生命体は諸感覚器官の依りどころではないことになってしまう。しかしながら、この生命体は現に感覚器官を保有している。したがって、それは無我であるはずがない、という趣旨の論証であろう。ウッディヨータカラが

「この生命体は、気息などを保有するから、アートマンをもつ」

と論証したいのであれば、右の五支論証の喩例の命題には問題がある。後にヴァイシェーシカ学派のヴィヨーマシヴァがしたように、

「およそアートマンをもたないものは、気息などを保有しない。例えば壺などの如し」

と書き換えなければならない。このままだと、喩例に示された一般的法則を論証の主題に適用する際に、いわゆる「後件肯定の誤謬」を犯していることになるからである。

それはさておき、アートマンを認めない仏教徒にとって、

「およそ気息などを保有するものは、アートマンをもつ」

という肯定的な遍充関係は成立しえない。しかし、それと対偶の関係にある

「およそアートマンをもたないものは、気息などを保有しない」

という否定的な遍充関係は、仏教徒にも成立するはずである。——もっとも、ウッディヨータカラの場合は「およそ気息などを保有しないものは、アートマンをもたない」という否定的な遍充関係が意識されているのであるが。そして、「無我であり、かつ気息をもたないもの」の例としては「壺など」の無機的な合成物をいくらでも挙げることができる。

このように、当該の理由（例えば、「気息などを保有すること」）が論証の主題（例えば、

アートマン）に固有な性質であるため、「否定的な遍充関係のみが成立する理由」が「純粋否定因」と呼ばれるのである。

アートマンや主宰神（イーシュヴァラ）など、対論相手の認めない形而上学的存在を論証しようとする際に、ニヤーヤ学派は「純粋否定因」に頼らざるをえなかったのである。後に純粋否定因は、ヴァイシェーシカ学派が

「地元素は地元素でないものとは異なる。

地元素性（あるいは、香という属性）を保有するから」

というように彼らの存在論の各カテゴリーに定義を与える際に多用されるようになる。

ヘンペルのカラス

ところで、「気息をもち、かつ有我なるもの」があるかどうか直接的に調べることができないので、壺のように「無我であり、かつ気息をもたないもの」をできるだけ多く観察して

「およそ無我なるものは、気息などを保有しない」

という一般的命題を帰納的に導出できるとしよう。しかし、それから

「およそ気息などを保有するものは、有我である」

という論理的に等価な肯定的命題を導出して、「生命体は有我である」という結論に到達することは正当化できるのであろうか?

純粋否定因には、「ヘンペルのカラス」のパラドックスと同じ問題が内在しているはずである。

「すべてのカラスは黒い」

という仮説を実証するために、世界中のカラスの数があまりにも多いので、例えば「白いテーブルかけ」など、黒くなくて、カラスでもない身近な具体例を多数観察して、

「黒くないものは、どれもカラスではない」

という論理的に等価な命題を導出して、元の仮説を実証したと主張することができるだろうかという問題である（野崎昭弘『逆説論理学』中公新書、一九八〇年、六六頁以下参照）。

ウッディヨータカラは、肯定的喩例がなくても帰納的論証は成立しうると主張するのであるが、肯定的喩例がなくて、単に否定的喩例だけでは、帰納的論証は成り立たないというディグナーガの立場の方が正しい。それはまた、「ヘンペルのカラス」のパラドックスに対する一つの答えになっているのではないだろうか。

論証式一六は「すべてのもの」を論証の主題とする点が、これまでの論証式と大いに異

なる点である。このような場合には、「すべてのもの」が「話の世界」全体を指示するとすれば、「帰納領域」も主題（「すべてのもの」）に含まれてしまうので、主題とは別に「同類」と「異類」、すなわち帰納領域そのものが存在しないことになる。このような理由は正しい理由とは見なされない。――これも九句因の第五「不共不定因」の特例と考えることができる。

以上が、ウッディヨータカラの十六句因説において新たにつけ加えられた七つの理由のあらましである。因の三相説に関して、ウッディヨータカラは、

（1）類似の喩例と非類似の喩例がともに成立しうる場合には理由は三相すべてを満足させるが、

（2）類似の喩例しか成立しない場合には第一・第二相、

（3）非類似の喩例しか成立しない場合には第一・第三相の二相のみを満足させればよいという立場をとる。したがって、三相すべてを満足させなければならないという、ディグナーガを初めとする仏教論理学者の主張を批判している。もっとも、その結果、論証式一五のようなパラドックスを生み出したと言える。

なお、ケーシャヴァミシュラ（十三世紀頃）のように後代のニヤーヤ学者は、ディグナーガの三相に「理由の対象が未だ否定されていないこと」「対立する反主張がないこと」

を加えて因の五相説を立てている。

帰納法の問題

ウッディヨータカラの鋭い批判にも拘らず、ディグナーガが確立した「因の三相説」と「遍充関係論」は、学派の壁を超えて広くインドの論理学者に受け入れられていった。かくして、

{A→B} {-A→-B}

という形をとる「随伴」と「排除」にもとづいて遍充関係を確立し、それによって推理・論証するというのが、インド論理学の共通の性格となったのである。——これまで繰り返し述べてきたように、インド論理学の基本的性格は「帰納推理」である。

一方、ギリシャに端を発する西洋の論理学の伝統では、アリストテレスによって確立された公理主義的な「演繹論理」がその主流をなしている。レモンの『論理学初歩』(竹尾・浅野訳、世界思想社、一九七二年)は、その冒頭(八頁)に「論理学」を定義して、「論証のパターンが、妥当あるいは不妥当となる正確な条件の記号による研究である」と言う。そして、前提と呼ばれるいくつかの言明あるいは命題から結論が必然的に帰結すれば、その論証は健全・妥当であるとされる。おそらく現代の大部分の論理学者は、演繹論理以外の

論証の試みを論理学的に妥当なものと認めないであろう。

ところで、ライヘンバッハの後継者であるサモン（改訂版『論理学』山下正男訳、培風館、一九七五年、一九頁）が指摘するように、演繹的論証は「すべての前提が真であれば、結論は真でなければならない」が、「結論のなかにある情報あるいは事実的な内容のすべては、すでに前提に暗々裡に含まれている」という特徴がある。演繹的論証は万人を納得させるものであるが、そこには新しい発見は何もないのではないかという疑問が当然生じる。かくして、フランシス・ベーコン（十七世紀）やJ・S・ミルらは、科学的発見の理論として、観察や実験を繰り返すことにより科学的な一般法則を発見する「帰納法」を採用することを主張したのであった。

科学的方法論に関するこのような考えを真っ向から否定したのが、K・ポパー（一九〇二～九四）であった。彼は理論の科学性の基準を「検証可能性」ではなく「反証可能性」に置くことによって、帰納的方法論を捨てて、

「批判的方法・試行錯誤の方法――大胆な仮説を提示し、われわれが誤りをおかしたところを検べるために、その仮説を最も厳しい批判にさらす方法」（K・ポパー『果てしなき探求――知的自伝』森博訳、岩波現代選書、一九七八年、一一七頁）

を科学の新しい方法論として提唱した。そして、科学的理論を確立するプロセスは「演繹

的推論（否定否定式）」であると明言する（同書、一〇八頁）。ポパーによると、「演繹的推論はいかなる反例も存在しない場合、その場合にだけ、妥当である」（同書、二〇五頁）。かくして、「科学的理論というものは、たとえ反証されないとしても、永遠に仮説または推測にとどまる」（同書、一〇八頁）ことになる。帰納法による検証可能性、あるいは実証可能性という「神話」は、既にヒューム（十八世紀）によって打ち破られていると、彼は言う。

ヒュームは、個別の観察から一般法則を導出する帰納法がいかにして正当化されるかを問題にする。そして、どれほど多くの個別的な観察を積み重ねても、その結果、未経験の領域に属する対象に関して我々は推理することはできない、というのがヒュームの指摘した「帰納法の問題」である。

ポパーの帰納法の否定は、大きな反響を呼び起こしたが、カルナップなど科学的方法論に強い関心を寄せた論理学者たちは、演繹論証の妥当性とは全く異なった意味での帰納推理の正しさの根拠づけを追求している。今なお科学的実験の現場では、帰納法の原理が広く受け入れられていることは否めないであろう。

なお、サモンは、帰納的論証を特徴づけて「すべての前提が真であれば、結論はおそらく真であろう。しかし必然的に真であるわけではない」が、「結論は、前提には暗々裡にも存在していない情報を含む」ものであると言う。帰納的論証の結論は新しい情報を含むが、その妥当性が蓋然的であり、確率の問題である点に大きな特色がある。このような結論は、ポパーと同じように、反証可能なものであり、あくまでも仮説にしかすぎないと言うこともできよう。どれほど多くの黒いカラスが観察されてもたった一羽の「白いカラス」の出現によって「すべてのカラスは黒い」という命題は否定されるのである。「すべてのカラスが黒い」という言明は、反例が現れない限りにおいて成立する反証可能な仮説と見なすことができる。

ディグナーガ——アポーハ論

ヒュームやポパーが提起した「帰納法の問題」に、インドの論理学者たちは無知であったわけではない。いかにして遍充関係を正当化するかという問題は、ディグナーガ以降のインド論理学の最も重要な課題となっていったのであった。——ディグナーガ自身は、この問題を彼の主著である『プラマーナ・サムッチャヤ』第五章の自注で、ことばとその対象（意味）との関係を論ずる際に取りあげている。

ディグナーガの認識論においては、実在する対象を五感官を通してあるがままにトータルに把握する一瞬の「直接知覚」と、知覚された内容について思惟する「概念知」が峻別される。――推理知やことばによる認識は概念知を本質とすると見なされる。ディグナーガの認識論の独自性は、直接知覚の本質を「自己認識」としたことと、すべての概念知の本質を「他者の否定」(アニャ・アポーハ)と規定したことにある。概念知は、当該対象を直接的にトータルに把握することはなく、多様でユニークな対象の一側面を、例えば「火性」という普遍を介在させて、間接的に

「これはまさしく火であって、それ以外のもの(例えば、水など)ではない」
(ayaṁ vahnir eva, nānyaḥ)

というように捉えるものであると考えられる。――ここにもインド文法学派の限定詞(eva)が意識的に用いられていることが注意される。ディグナーガの認識論、特にアポーハ論は、論理学同様に、文法学派からの影響の下に形成されたと言わなければならない。

アポーハ論によれば、当該対象がある集合(例えば、火の集合)に所属するという「概念的判断」は、その補集合(=「他者」、例えば、水など火ならざるものの集合)には所属しないという「否定的判断」と表裏一体の関係にあるのである。

言い換えると、

「aはXである」

という肯定的判断は、

「aは非Xではない」

という二重否定からなる否定的判断と同一であるということである。

この一見当然と思われる理論をディグナーガが提示した背景には、「これは火である」という肯定的判断の対象として、目の前に燃え上がる火のみならず、この世に存在するすべての火に共通な火性という普遍までも実在すると考える、ニヤーヤ学派やヴァイシェーシカ学派の実在論・実念論がある。ディグナーガは、インド実在論のアンチテーゼとして彼のアポーハ論を打ち立てたのである。

ディグナーガにとって、実在する対象とは、瞬間的な直接知覚の対象となる、一瞬一瞬のうちに移ろいゆくものである。「これは火である」「これは水である」と判断されているときには、その対象は既に目の前には存在しない。あるいはわずかにせよ、既に変化している。「火」や「水」という概念やことばに対応する普遍は、我々の概念的構想の産物にしかすぎない。普遍は決して外界に実在することはない。外界に何が実在するかについて、ディグナーガは明言しないが、彼が認識論や論理学を議論するときには外界の存在を前提としていることは明らかである。しかし、その存在はことばや概念によって特定することができないというのが、ディグナーガの基本的な姿勢である。——「存在は因果効力をもつものである」という仏教論理学派の存在の定義が出現するのは、ダルマキールティを待たねばならない。

中世ヨーロッパ哲学の術語を借りれば、ディグナーガは、ニヤーヤ学派やヴァイシェーシカ学派の実在論に対して「唯名論《ゆいめいろん》」の立場をとったと言うこともできよう。普遍は実在しないゆえに、普遍を対象とする概念知は「aはXである」という直接的・肯定的形式で表現することは相応しくない。「aは非Xではない」という間接的・否定的形式で表現することによって、ディグナーガは、実在論への関与を意識的に避けようとしたのであろう。

随伴と排除——ことばの表示機能

さて、ディグナーガは、推理・論証の理由（H、例えば、煙）とその対象である「推理・論証されるべき性質」（S、例えば、火）との間の関係を考察するとき、

「火があるところに煙があり、火がないところに煙はない」

という随伴と排除の関係が成立すれば、

「およそ煙のあるところには、火がある」

という一般的法則が確立され、当該の理由はその対象である論証されるべき性質を帰結することができるとしたが、随伴と排除という同じ「帰納法の原理」を、さらにことばとその対象（意味）との間の関係を考察する際にも適用する。

（あることばが）他のことばの対象に（適用されることが）観察されないから、また、自己の対象の一部に（適用されることが）観察されるから、ことばは（「他者の排除」と規定される対象と）結合しやすく、また（他のことばの対象には）逸脱し（て、適用され）ない。（『プラマーナ・サムッチャヤ』第五章第三四偈）

ことばが対象を表示する方法は、随伴と排除である。そして、両者は、「同類に対する適用」と「異類に対する非適用」（と定義されるの）である。

そのうち、同類については、そのすべてに対する（当該のことばの）適用が言及される必要は必ずしもない。時には、（ことばの対象が）無数にあり、（すべての）対象（への適用）に言及することは不可能だからである。

一方、異類については、たとえ無数に存在しても、（そこに当該のことばの適用が）観察されないことだけから、（異類における）非適用に言及することができる。

まさにこれ故、自己と必然的に結合する（対象）以外のものには（そのことばの適用が）観察されないことから、それ（すなわち、他者）を排除する推理が（ことばによる）「自己の対象の表示」と言われる。（同偈自注）

我々の言語活動を観察すると、「火」ということばは、マッチの火やガスの火などの一群の同類の対象に適用されるが、水道の水や台所のテーブルなど異類の対象には適用されないという随伴と排除の関係が見られる。言い換えると、ことばはその対象と同類のものには随伴し、異類のものからは排除されるという仕方で、対象を表示するというのがディグナーガの考えである。

同じように、推理・論証の理由(H)についても、同類のものに随伴し、異類のものからは排除されるという仕方で、「論証されるべき性質」(S)を立証すると言うことができよう。このように、彼にとって、ことばと理由は全く同じはたらきをするものであり、それゆえ、ことばによる認識は推理の一形態であると見なされるのである。

この世には「火」と呼ばれるものは無数に存在するが、ディグナーガは、あることばの適用対象が無数にある場合、そのいちいちの具体例に言及することは不可能であるし、またその必要もないと明言している。推理の場合も、理由は同類の少なくとも一部に存在すれば、因の第二相を満足させると考えられている。したがって、随伴に関する限り、「火」ということばが、触れれば熱い火に一度でも適用され、煙が火のあるところに一度でも見られれば十分なのであろう。

排除に関しても、「火」ということばが適用されない対象はこの世に無数に存在しているから、それをいちいち点検することは不可能である。したがって、ディグナーガは、ただ単に当該のことばが水などの異類に対して適用されるのが観察されないだけで、異類からの排除は明示されたと考えている。これを推理の場合に応用すると、理由（H、例えば、煙）が異類（-S、湖など、火がないところ）において単に観察されないだけで、異類全体からの排除（因の第三相）が確認されたということになるだろう。

以上の考察から帰結することは、ディグナーガにとって、遍充関係は、決して理由とその対象である「論証されるべき性質」との間の「必然的関係」を意味しているとは言えないということである。ことばの場合にせよ、推理の場合にせよ、二項間の遍充関係は随伴と排除の原理によって想定される一般法則ではあるが、それは異類において反例が見いだされない限り妥当するという一種の「仮説」であると言うことができる。

ディグナーガは、このように彼の帰納推理に蓋然的な性格を付与することによって「帰納法の問題」を回避したと言えよう。

開かれた論理学

『プラマーナ・サムッチャヤ』第五章の課題の一つは、「火」や「煙」あるいは「牛」や「馬」という普通名詞が、どうしてこの世に存在するすべての火や煙、牛や馬に等しく適用されうるのか、その適用根拠は何かという問題である。火性や牛性という普遍の実在を

図十三

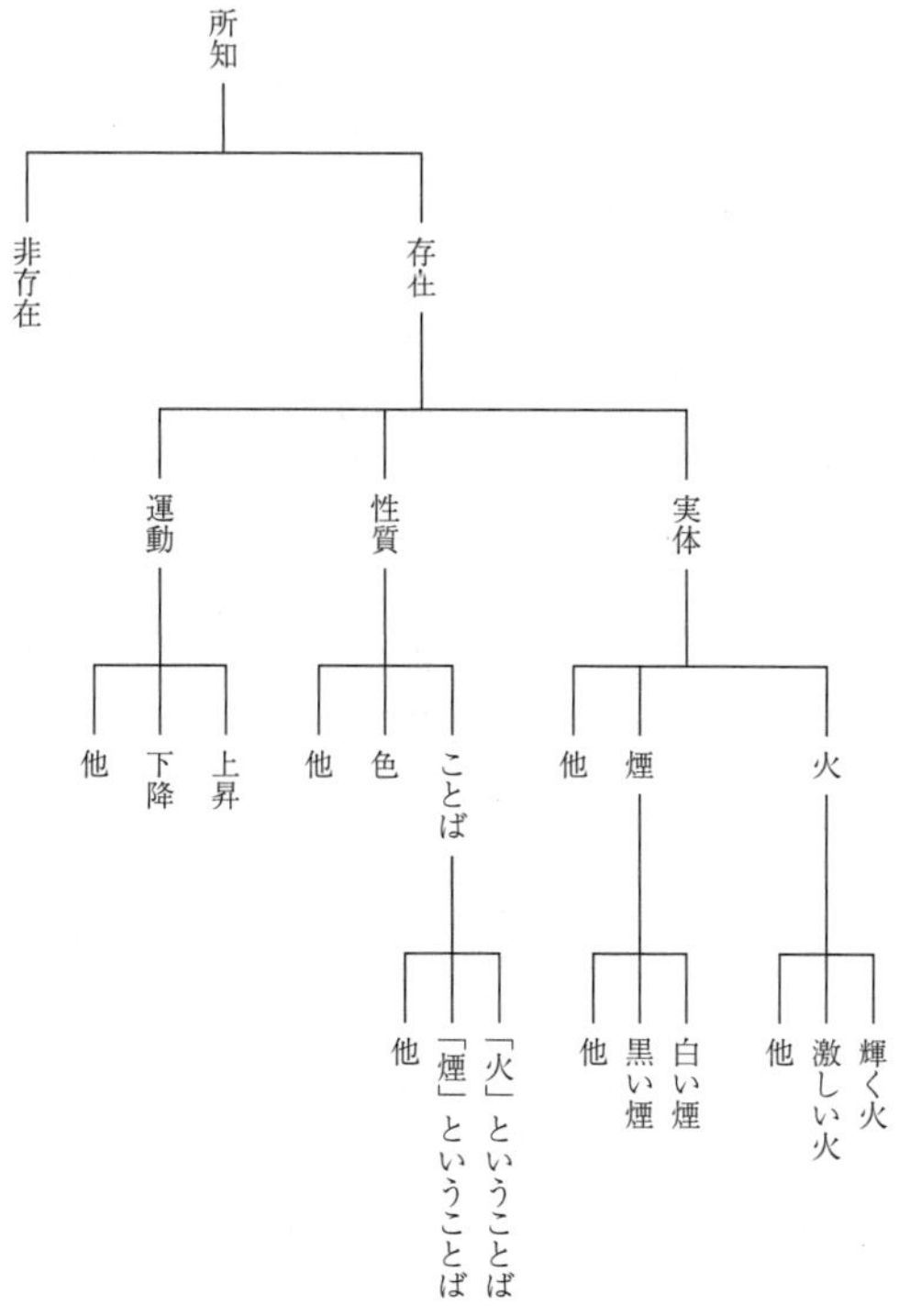
所知
非存在
存在
運動
性質
実体
他
下降
上昇
他
色
ことば
他
煙
火
他
「煙」ということば
「火」ということば
他
黒い煙
白い煙
他
激しい火
輝く火

認めないディグナーガは、最終的にそれは「世間の言語習慣」「世間の常識」であると考える。一群の四足動物が「ウシ」という名で呼ばれるのに特別の形而上学的根拠はない。新しく生まれた子供に「太郎」や「花子」という名前を付けるのと同じくらい恣意的なものであるというのがディグナーガの結論である。

ところで、世間の常識は、決して無秩序なものではない。ディグナーガは彼の論理学・意味論の前提とする「話の世界」として、第三章に紹介したヴァイシェーシカ学派のカテゴリー論に似た普遍と特殊のヒエラルキーを想定している（図十三参照）。このようなヒエラルキーは、ディグナーガの少し先輩であり、彼に強烈な影響を与えたと考えられる、文法学者バルトリハリも前提とするものである。

ディグナーガの主たる関心は、認識論と論理学であり、著作中でついに「何が存在するのか」という存在論的課題に答えることはなかった。彼が認識論・論理学を扱うときは、おそらく、外界の実在を認める経部の立場にたっていたと考えられるが、究極的には「すべてはただ認識あるのみ」という瑜伽行唯識学派の立場に移行する。彼の「自己認識」の理論はそのような思想的移行を可能にするものである。もしすべての認識が自己認識であるとすれば、どうして外界対象など必要であろうか。

ディグナーガが、彼の認識論・論理学の前提として、仏教的な、あるいは経部的な存在論に固執しなかったという事実は、十分注目に値するものである。彼が採用した、ヴァイシェーシカ学派やバルトリハリの存在論とよく似たカテゴリーのヒエラルキーとは、おそらく当時の哲学するインドの知識人たちが、それぞれの学派的信条を別にすれば、常識的に承認することができた存在論の最大公約数であったのであろう。

この意味で、ディグナーガは、いかなる形而上学的立場にも開かれたインド論理学の構築を目指していたと言えるのではないだろうか。学派間の論争のための共通の道具として機能する論理学は、そのようなものでなければならないはずである。彼の遍充理論が、学派の壁を超えてインドの論理学者の間で広く受け入れられていったという事実は、ディグナーガのもくろみがある程度実現したことを示すものである。

ダルマキールティ——遍充関係の根拠づけ

ディグナーガの最大の後継者はダルマキールティ（法称）であるが、彼は決して忠実な後継者ではなかった。異類に反例が見つからない限りにおいて遍充関係の正当性が認められるというディグナーガ論理学の仮定的な性格を、ダルマキールティは強く批判している。彼は、ただ単に帰納領域の一部（異類、-S）に理由（H）が観察されないだけでは、それがそこにあるのかという疑惑は生じても、決して存在しないという確定知は生じない、と

れる。

考えるからである。

ディグナーガは、遍充関係を想定する根拠を、当時の知識人が許容した形而上学的常識としてのカテゴリーのヒエラルキー、ひいては世間一般の言語慣習に求めていると考えられる。

「語は作られたものであるから、非恒久的である」

と推理できるのは、世間一般に

「語は作られたものであり、作られたものは非恒久的である」

と認められているからであり、およそ作られたものは、壺であれ、布であれ、「非恒久的なもの」と呼ばれるからである。

「カラスは黒いものである」という世間の常識と、一群の黒い鳥を「カラス」と呼ぶ世間の言語慣習にもとづけば、「すべてのカラスは黒い」と言えるが、それ以上の普遍性・必然性はないのである。

ディグナーガにとって、直接知覚は何らの常識的あるいは形而上学的先入観なしにリアルな現実に直面するものであったが、推理や言語知は、現実から全く切り離された概念の世界と対峙するものである。したがって、彼の論理学の適用範囲は世間の言語慣習と常識によって形成された概念の世界に限られるのである。——事実、彼は「なぜ作られたものは非恒久的なのか」という形而上学的問いに全く関心を示さない。

ディグナーガは、彼に先行するヴァイシェーシカ学派やサーンキヤ学派の論理学者たちが、推理・論証を成立させる根拠として、「因果関係」や「内属関係」などの形而上学的関係、あるいは「所有者と所有物」や「敵対関係」などの現実世界に見られる具体的なものとものとの関係を挙げるのを徹底的に批判する。彼が推理・論証の依りどころとしたのは、概念と概念との間の「不可離の関係」、集合と集合との間の「包摂関係」、すなわち遍充関係であった。

これに対して、ダルマキールティは、実在に直面する直接知覚と観念的な普遍の世界に関わる概念知との間の関係を説明する必要に迫られたと考えられる。彼にとって、実在とは何らかの「効果的作用」をなすものである。――実在する壺は水を入れることができ、実在する水は渇きをいやすことができるというように、何らかの形で人間の要望を満足させるものである。

ところで、恒久的なものは言うまでもなく、少しでも持続すると考えられるものは、壺にせよ、水にせよ、実は我々の概念的構想の産物であり、実在ではない、という仏教徒の基本的な立場に立つダルマキールティにとって、最終的に実在は瞬間的な存在に他ならない。

現実の世界は刻々に変化していくという仏教的世界観を、ダルマキールティは「世界は刹那《せつな》滅《めつ》である」ということばで表現するのである。そして、この瞬間的な存在がもちうる究極的な「効果的作用」は、次々と自己の形象を次の瞬間に生じてくる直接知覚のなかに投げ入れる、つまり、自己の知覚像を次々と生み出すことに尽きるのである。したがって、ダルマキールティにとって実在とは直接知覚されるものということになろう。このようにまず実在する対象と直接知覚の間に因果関係が設定される。——ダルマキールティは明らかに「知覚の因果説」の立場をとっている。

このようにして生じた直接知覚は、ディグナーガが規定したように、全く概念的構想を混じえないものであり、その知覚像が対象の忠実な反映であるという意味で全く誤りのないものである。しかし、瞬間的に存在する対象の単なる受容にしかすぎない直接知覚は、そのままでは認識者を行動に導くことはないとダルマキールティは考える。——人が行動を起こすには何らかの決断が先行しなければならないと考えるからである。

彼によると、直接知覚は、何らかの内的もしくは外的な阻害要因（例えば、眼病もしくは走行中の乗り物に乗っていることなど）がなければ、その直後に対象に関する正しい判断を生じる。それは知覚の直後に生じるため、知覚と酷似しているが、「これは壺である」「これは水である」などというように普遍的観念を混じえた概念知である。——人はこのような概念的判断にもとづいて行動を起こすのである。この意味で、直接知覚は単独では人間の行為を引き起こすことはなく、したがって対象のもつ効果的作用を実現させることはないのである。

一方、「あの山に煙がある」という判断は、一連の推理のプロセスを経て「あの山には火がある」という推理知を生み出す原因となる。また、「ケ・ム・リ」という音の連鎖が生み出す判断は「煙」という言語知の原因となる。知覚の直後に「判断」という概念を導入することによって、ダルマキールティは直接知覚と後続する概念知、推理知や言語知との間の因果関係を説明することができたのである。このように概念知は、直接知覚を介在させて、実在する対象と間接的にせよ因果的に繋がっているがゆえに、それが引き起こす行為は人を欺くことがないのである。——もちろん、刹那滅論の原則からすると、直接知覚された対象は既に滅してしまっているから、概念知によって得られる対象はそれに後続する類似した対象である。この意味では、概念知は直接知覚と違って本質的に誤謬知である。

ダルマキールティのアポーハ論

ところで、概念知に把握される対象像は、直接知覚による知覚像とは違って、対象の断片的な認識にしかすぎない。眼前に燃え盛る現実の火の知覚像が、対象の正確、かつトータルな反映であり、一回限りのユニークな存在であるのに対して、火の概念的な把握は、あらゆる火に共通な抽象的な火のイメージ、すなわち火一般を対象とするものである。ディグナーガにならって、ダルマキールティも、このような概念知の本質的機能を「他者の否定」(アニヤ・アポーハ)と見なしている。抽象的な火の認識は、「火ならざるもの」(=火の補集合)を排除することによって、「火ならざるものではない」というように間接的に「火一般」を把握するのであって、決して直接知覚のように、火そのものを捉えるのではない。

現実の対象は概念知によって様々な形で差異化される。眼前にある壺は、

「皿や水差しなど、壺ならざるものではない」

という形で把握されるが、さらに

「お椀や箸など、粘土製以外のものではない」

「ろくろ以外の道具を用いて作ったものではない」

「デーヴァダッタ以外の陶工が作ったものではない」

などという否定的な判断を積み重ねることができる。

ダルマキールティのアポーハ論の特徴は、これらの様々な判断に対応して、直接知覚に

よって捉えられる対象の側にも様々な差異性があることを積極的に認める点にある。壺が「木製品などではなくて、粘土製である」と判断されるのは、目の前にある現実の壺が粘土を素材として作られているからに他ならない。

実在する対象は、無数の差異性によって特徴づけられる。壺は、一つの種として、異種のものから区別されると同時に、同一の壺であってもこの瞬間の壺は他の瞬間の壺から絶対的に区別される。さらに特定の壺の様々な性状によって、同種や異種の様々な存在から区別されるのである。この意味で瞬間的に存在する対象は、他のいかなる存在とも異なるユニークな存在と言うことができる。

しかし、それらの差異性は概念知によって対象化されて初めて意識されるものである。――我々の目の前にあるのは、ただ一つの壺にしかすぎない。それに様々な概念規定を与えるのは、認識者としての人間の営みであり、ことばに代表される人間の文化的蓄積の結果である。

しかし、人間の概念的構想は、決して恣意的なものではないというのが、ディグナーガとは大きく異なる、ダルマキールティの立場である。概念知は実在と因果的に結びついている。そして、実在の世界はすべて因果関係で説明されるというのが、「よき仏教徒」としてのダルマキールティの主張である。

彼のアポーハ論のもう一つの特徴は、概念知はディグナーガと同様に「他者の否定」と特徴づけられるが、彼とは違って、それは単なる否定的認識ではなく、それと対応する肯定的認識と表裏一体の関係にあると考える点にある。

「これは壺以外のものではない」

という否定的判断は

「これは壺に他ならない」

という肯定的判断と同じものなのである。ダルマキールティは、「他者の否定」の「否定」は、先に第四章で、ナーガールジュナに関して言及した二種の否定のうち、肯定を含意する「相対否定」であると明言している。

ダルマキールティに至って、ディグナーガの意味論を中心とするアポーハ論は、概念論として大きく展開したのであった。

本質的結合関係——開かれた論理学から仏教論理学へ

実在と認識との関わりを因果的に説明することに努力したダルマキールティは、推理・論証の成立根拠としての「遍充関係」を想定するのに、ディグナーガのように、世間の言語慣習や当時のインド哲学の常識的なカテゴリー論にたよらずに、「本質的結合関係」という新しい概念を導入した。

かなたの山に立ち昇る煙が火の存在を推理させるのは、煙と火の間にある本質的結合関係があるからだとする。つまり、煙が火の結果であるという「因果関係」である。これはヴァイシェーシカ学派やサーンキヤ学派の具体的な関係にもとづく推理・論証説を批判したディグナーガの姿勢と好対照をなしている。

ダルマキールティはディグナーガの「開かれた論理学」を放棄して、再び特定の形而上学的立場にたつ論理学を構築したのである。彼の拠ってたつ立場は、仏教教義の中核とも言うべき「縁起説」である。我々の経験世界のいかなる事象も原因をもたないということはない、「原因なくして結果なし、結果には必ず原因がある」という思想である。このような立場にたつことによって、ダルマキールティは「主宰神批判」「他世の存在論証」「ブッダの一切知者性の論証」「刹那滅論証」「他相続の存在論証」などの教義的論証を積極的に展開する場を自らに与えたのであった。彼の論理学は、「縁起説」という仏教教義にもとづく論理学、すなわち「仏教論理学」と呼ぶことができよう。

「本質的結合関係」として、ダルマキールティは、因果関係の他に「（AはBであるという）同一性の関係」を想定する。例えば、裏庭に桜があることを理由として裏庭における木の存在を推理できるのは、桜と木との間に「桜は木である」「桜は木性を本質とする」

という本質的結合関係があるからだと考えられる。「桜は木である」という関係は、一見ディグナーガの想定した世間の言語慣習やヴァイシェーシカ学派流の常識的なカテゴリー論を想起させるが、そうではない。

ダルマキールティのアポーハ論に従えば、「桜は木である」という概念的判断は、単なる恣意的な判断ではなく、外界存在の因果的な在り方、すなわち、目の前の満開の桜が「木」に分類されるための諸条件をすべて備えているという生物学的な事実にもとづいているはずである。私たちが、桜や梅や松などを同じく「木」という種に分類するのには、ヴァイシェーシカ学派の「木性」という普遍と違う、何らかの因果的根拠があるはずだと、ダルマキールティは考えるのである。

一群のものが「同種」と見なされるための二つの条件を彼は想定している。

（一）同一の原因の集合から生じる複数のものは、同一の種に属すると見なすことができる。

例えば、ある工房で、一人の同じ陶工が、同じ材料と道具を使って作る壺は、「デーヴァダッタの壺」などという名前で同種のものと見なされる。

（二）同一の結果を生み出す複数のものは同一の種に属すると見なすことができる。

例えば、同じような解熱効果をもつ様々な薬草や丸薬は、等しく「解熱剤」という名前で呼ばれるのである。

したがって、「桜は木である」という判断も究極的には、目の前に立つ一本の木の因果的な在り方に依存しているのである。

ダルマキールティは、遍充関係を成立させる根拠として、本質的結合関係を挙げ、具体的には因果関係と同一性の関係とを想定している。つまり、彼の論理学が成立する論議空間、より正確には、遍充関係を導き出させる「帰納領域」は、これら二つの関係だけで説明可能な領域である。

さらに、右に述べたように、彼のアポーハ論によって、「AはBである」という同一性の関係も因果関係によって説明することができるなら、究極的には因果関係一つでダルマキールティの論議空間はすべて説明されるはずである。言い換えれば「すべてのものは縁起している(=何かに依存して生じている)」という伝統的、かつ正統的な仏教説が、ダルマキールティの論理学の根底から浮かび上がってくるのである。

ダルマキールティの論証式

因果関係と同一性の関係にもとづいて、ダルマキールティは、「結果」と「本質」という二種の理由を立てる。因果関係にもとづけば、結果から原因を推理することができ、同一性の関係にもとづけば、ある本質から別の本質を推理することができるのである。いずれの場合も、結果は原因によって、理由となる本質（例えば、桜性）の存在領域は帰結となる本質（例えば、木性）の存在領域によって遍充されるという遍充関係が成立しているから、正しい推理が可能なのである。言うまでもなく、ここで「桜性」や「木性」はヴァイシェーシカ学派が考えるような「普遍」ではない。あくまで概念知の世界で「他者の否定」を通して外界対象に措定される「差異性」「普遍概念」である。

ダルマキールティはさらに、ディグナーガがほとんど問題にすることがなかった「否定的論証」を正面から取りあげて、第三番目の正しい理由として「非認識」を立てる。「もしも床の上に壺があれば認識されるという認識の条件、すなわち視感官にも障害がなく、光線などの知覚のための外的条件も整っている場合に、壺が認識されないということは、この床の上には壺が存在しない、と判断し、言明し、壺を壊す恐れなく平気で床の上を歩き回るという行動に出る理由となる」とダルマキールティは考える。かくして「非存在」の認識や論証を一貫して説明する理論的基盤が整ったわけである。以下、「結果」「本質」「非認識」という、三種の理由を用いた論証式の実例を挙げておく。

【論証式一】

遍充関係：「およそ煙のあるところには、火がある。例えば、竈《かまど》におけるが如し」

主題所属性：「ここには、煙がある」

（省略された結論：「したがって、ここには火がある」）

【論証式二】

遍充関係：「およそ存在するものは、非恒常的である。例えば、壺の如し」

主題所属性：「語は、存在する」

（省略された結論：「したがって、語は非恒常的である」）

【論証式三】

遍充関係：「およそ認識条件を備えているにも拘らず、認識されないものは、存在しないと判断されることが明らかである。例えば、何か別の存在しないと確認されている兎の角等の如し」

主題所属性：「ある特定の場所において、認識条件を備えているにも拘らず、壺が認識されない」

（省略された結論：「したがって、そこに壺は存在しない」）

ダルマキールティの論証式は、ディグナーガまでのインドの論証式と形式的に大きく変化している。従来の、「提案」「理由」「喩例」「適用」「結論」という五支、あるいは、「提案」「理由」「喩例」の三支という形を取らない。

まず、ディグナーガが「喩例」において提示した遍充関係を実例とともに提示する。ダルマキールティは、既に見たように、因の第二相と第三相は、限定詞による制限を加えれば、論理的に等価であり、両者は同じ遍充関係を表していると考えているが、論証に際して、その遍充関係がまず提示されるのである。そこにディグナーガの場合と同様に、具体的な実例が挙げられることが、注意されなければならない。論証式の形式は変化しても、実例に依存する帰納推理の性格は変化していないのである。

次に、「理由」の代わりに、因の三相の第一相である「主題所属性」が提示される。これでダルマキールティの論証式もディグナーガ同様に因の三相の理論を前提としていることが理解されよう。

ディグナーガの論証形式と対比すると、ダルマキールティの論証式では「提案」が省略されていると考えるのが妥当であろうが、右のように「結論」が省略されていると考えた方が、我々には理解しやすい。その結果、アリストテレスの論理学の「三段論法」に似た論証式が得られることになるが、ダルマキールティの論証を「演繹推理」であると速断するのは誤りである。敢えて演繹推理という性格を読みこむとすれば、それはここまで強調してきた随伴と排除にもとづく帰納推理に連結されたものとして理解されなければならない。

論証式一は、火と煙との間の「因果関係」にもとづく推理である。

論証式二は、「およそ存在するものは非恒常的である」つまり「諸行無常」という仏教教義に依拠する証明と言えるが、このような全称命題は、このままでは説得力をもたないので、さらに別の論証を必要とすることになる。ダルマキールティは、まず「存在」を「効果的作用をなすもの」と定義したうえで、

「もし何かが恒常的であれば、継時的にせよ同時的にせよ、効果的作用をなすことはない。

したがって、およそ恒常的なものは存在するとは言えない。

言い換えると、およそ存在するものは非恒常的である」

というように、帰謬法を用いて、論証式二の遍充関係を確立している。帰謬法を積極的に

用いる点に、ダルマキールティのディグナーガとの相違点がある。

論証式三は、単なる非存在の確認であるが、非認識による推理には、原因の非認識による結果の非存在の推理や、能遍の非認識による所遍の非存在の推理など複数の場合が考慮されている。論証式三に現れる「認識条件を備えた」という表現は、通常の意味でのダルマキールティの推理・論証が、神話や空想の世界の事物ではなくて、今現に認識可能なもののみを対象としていることを示唆するものである。一方、来世における業の果報など、この世では全く認識不可能なものについては、信頼に値する聖典にもとづいて、その存否を決定するべきであるとダルマキールティは考えている。

他心の存在論証

ダルマキールティは、通常の人間には認識不可能なものの存在証明のために「類推」(アナロジー)をしばしば用いる。その一例として、彼の「他心の存在証明」を紹介しておく。「他心知」がブッダの神通力の一つとされるように、他人の心は通常の人間には知りえないものであるというのが、インドにおいても常識的な理解である。直接知覚によって知りえないものは、推理の対象ともならない。したがって、通常の推理によって他心の存在を論証することは不可能なわけである。

ダルマキールティは、『他相続の存在論証』という小著において、まず外界の実在を認める経部の立場から、自己の身体の動きや言語活動が、そのような活動をしようという自分自身の心の働きを先行させることを観察した後に、他人の身体の動きや言語活動を見て、それらが自分以外の他人の心の働きを原因としていることを推理し、その結果他心の存在を論証する。

例えば、ブランコにのっている子供を背後から揺するとき、子供を楽しませようという私の意志が、私の身体的活動を媒介として、子供を揺することになるが、逆にブランコにのる私を背後から誰かが押すとき、私の意図とは無関係に私の身体は前後に揺れる。その場合、私以外の他人の身体的活動に先行する、ブランコの上の私を揺り動かそうという他人の意志が存在することが類推されるのである。

ダルマキールティは、外界の実在を認めない瑜伽行唯識学派の立場にたっても、他心の存在が同じように証明されることを様々な視点から弁護して、すべては「識」のみという瑜伽行唯識学派の主張が必ずしも「独我論」(solipsism)に陥らないことを論証するのである。

いわゆる「他心の問題」は、「分析哲学」と総称される英語圏の哲学者の間で盛んに議論されてきたが、その際他心の存在証明の古典的な例として挙げられるのは、J・S・ミルのアナロジーによる論証である。彼は、自分自身において肉体の変容が感情（feelings）を生み出し、感情が様々な外的振る舞いを引き起こすことを自覚したうえで、他人が自分と同じような肉体の変容の後に、同じような振る舞いをするのを観察して、目の前にいるのがオートマトンでない限り、自分の場合と同様に、肉体の変容と振る舞いの間を繋ぐ中間的な要素である感情、すなわち、「他人の心」が存在するはずであると結論づけるのである。

他心の存在論証に関する限り、十九世紀のイギリスの哲学者と七世紀のインドの仏教論理学者との間に本質的な違いは見いだされない。

ダルマキールティ以降のインド論理学

ダルマキールティのインド論理学に与えた影響は、ディグナーガをはるかに凌駕するものであった。ディグナーガは、インド論理学に新風を吹き込み、その大きな枠組みを決定した。彼が形而上学的な論争よりも、論証の形式的な整備に腐心したのに対して、ダルマキールティはディグナーガの一種抽象的な「形式論理学」を再び存在論や認識論の地平に引き下げて、他学派との論争にも精を出したと言える。

その結果、ダルマキールティ以降のインド哲学諸派の学者たちは、まるでディグナーガの存在を忘れてしまったかのように、ダルマキールティ論理学の批判や受容に努めたのであった。ダルマキールティ自身は、その主著『プラマーナ・ヴァールティカ』(量評釈)の末尾に自分のうちたてた論理体系が他人に理解されないことを嘆いているが、彼の心配は杞憂であったと言える。――仏教の内外を問わず、ダルマキールティはインド論理学の発展に大きな影響を与えている。

ダルマキールティ以降のインド論理学の最も大きな展開は、十一~十二世紀に端を発し、ガンゲーシャ(十四世紀頃)によって大成された「新論理学」の登場である。彼らはニヤーヤ学派の後裔であるが、認識論・論理学の諸概念を厳密に定義するために、全く新しい術語群と、それらを長大な複合語に繋ぎ合わせる独特の表記法を開発した。彼らの表現技法は、その表面的な難解さにも拘らず、十五・十六世紀以降には他学派の学術書にも採用されるようになり、一種の学術言語として機能するようになるのであった。

インゴルズを初めとする現代の研究者たちは、新論理学派の複雑きわまりない議論を記号を用いて表現しようと努力している。一見すると定義のための定義にしかすぎないように見える議論も、詳細に吟味すると、認識論・論理学の優れた知見が見いだされる。例えば、ラグナータ・シローマニ(十六世紀)は、「集合の集合が数である」というフレーゲの定義に酷似する「数」の定義を新論理学特有の術語でもって提起しているのである。

インド人の思惟方法＝帰納法

以上、ダルマキールティまでのインド論理学の発展の経緯を素描してきたが、その本質は本章冒頭に述べたように、「随伴と排除」という帰納法の原理にもとづく「帰納的論証」である。インド人の思惟方法の根本は帰納法であるというのが、本書の結論である。

ところで、インドにおいて文法家たちより以前に、この帰納法の原理を意識的に用いた者がいただろうか？

それは、例えば、仏教の創始者、ブッダ（紀元前六〜前五世紀）である。ブッダの「覚者」たる所以《ゆえん》は、「およそいかなるものも原因なくして生じることはない」という縁起の理法・因果の道理を悟ったからであるとされる。縁起は、初期の仏教経典では、しばしば「十二縁起」説という形で説かれる。例えば、ブッダの後半生の従者であったアーナンダの問いに答えて、ブッダは次のように教示する。

「師よ、それでは縁起についての知が熟達した比丘と正しくいいうるのは、どのような範囲のものでございましょうか」

「アーナンダよ、この点に関して比丘は、次のように知るのである。

これあるとき、かれあり、これの生じることによって、かれが生じる。

これなきとき、かれなく、これの滅することによって、かれが滅する。——

すなわち、迷い（無明《むみょう》）を条件（縁）として生成のはたらき（行《ぎょう》）があり、

生成のはたらきを条件として識知（識《しき》）があり、

識知を条件として個体存在（名色《みょうしき》）があり、

個体存在を条件として六つの知覚の場（六処《ろくしょ》）があり、

六つの知覚の場を条件として経験（触《そく》）があり、

経験を条件として感受（受《じゅ》）があり、

感受を条件として欲望（渇愛《かつあい》）があり、

欲望を条件として（身体への）執着（取《しゅ》）があり、

（身体への）執着を条件として生存（有《う》）があり、

生存を条件として誕生（生《しょう》）があり、

誕生を条件として老・死があり、憂愁・悲嘆・苦・憂悩・苦悶が生じる。

このように、このあらゆる苦悩のかたまりがおこるのである。——

それに反して、

迷いがあますところなく滅し去られることによって、生成のはたらきが寂滅し、

生成のはたらきの寂滅によって、識知が寂滅し、

識知の寂滅によって、個体存在が寂滅し、
個体存在の寂滅によって、六つの知覚の場が寂滅し、
六つの知覚の場の寂滅によって、経験が寂滅し、
経験の寂滅によって、感受が寂滅し、
感受の寂滅によって、欲望が寂滅し、
欲望の寂滅によって、(身体への)執着が寂滅し、
(身体への)執着の寂滅によって、生存が寂滅し、
生存の寂滅によって、誕生が寂滅し、
誕生の寂滅によって、老・死・憂愁・悲嘆・苦・憂悩・苦悶が寂滅する。
このようにして、このあらゆる苦悩のかたまりが寂滅する。
アーナンダよ、このかぎりにおいて、彼を縁起についての知が熟達した比丘であると
いうことは正しい」(長尾雅人・工藤成樹訳「種々の界」『世界の名著1　バラモン教典・
原始仏典』所収、四九〇〜四九一頁)

十二縁起説の各項目は、インド仏教の伝統的な解釈に従えば、過去世(無明・行)から
現在世(識・名色・六処・触・受)、現在世(渇愛・取・有)から未来世(生・老死)へとい

う輪廻転生のプロセスを表したものであるが、我々の注意を引くのは、

「これあるとき、かれあり、これの生じることによって、かれが生じる。これなきとき、かれなく、これの滅することによって、かれが滅する」

という短い定型句である。これはまさしく

「Xがあるときには Yがあり、Xがないときには Yもない」

という「随伴と排除」の関係を表している。

右の経典は、十二の項目の間にそれぞれ随伴と排除の関係が成り立つことを表明している。すなわち、

「迷い（無明）を条件（縁）として生成のはたらき（行）があり、迷いがあますところなく滅し去られることによって、生成のはたらきが寂滅」するから、無明と行との間には原因と結果という関係が成立すると説いているのである。

「これあるとき、かれあり」云々という定型句は、「此縁性《しえんしょう》」などと呼ばれ、仏教において「因果関係」を帰納的に導出・確定する原理である。

実に、「縁起＝因果関係」こそ仏教の根本的教理である。

悟りを開いたブッダは、ベナレスの鹿野苑《ろくやおん》で五人の昔の修行仲間に向かって「はじめての説法」を説いたとされる。その内容は、「四聖諦《ししょうたい》」と呼ばれる四つの真理を説いたもの

である。四つの真理（諦）とは、
（一）人生は四苦（生・老・病・死）、八苦（四苦＋怨憎会苦《おんぞうえく》・愛別離苦・求不得苦《ぐふとくく》・五陰盛《ごおんじよう》苦《く》）に満ちているという苦諦《くたい》、
（二）苦の生起の原因は渇愛であるという集諦《じつたい》、
（三）渇愛を滅することが苦の滅であるという滅諦《めつたい》、
（四）八正道《はつしょうどう》を実践することが苦の滅に導く方法であるという道諦《どうたい》、
の四つである。ここにも苦とその原因、苦の滅とその手段というように、因果の原理が透徹していることは明らかである。

四聖諦の考えは、しばしば病人を前にした医者の対症療法に比較される。
（一）病気には、
（二）原因があり、
（三）病気の治癒には、
（四）治療法がある、
というわけである。

インド医学の研究者、ケネス・ジスクの近年の研究によると、ヴェーダ時代の魔術的な治療から、合理的な治療へとインド医学が転換したのは、ブッダを初めとする苦行者（シ

ユラマナ、沙門）たちが活躍しだした時代であり、仏教やジャイナ教などの沙門教団の周辺や内部で活躍した医師たちが、後に『チャラカ・サンヒター』などに代表されるアーユル・ヴェーダの医学の形成に大きく貢献したであろうと推測される（『古代インドの苦行と癒し』梶田昭訳、時空出版、一九九三年）。初期仏教経典、特に教団の僧や尼僧の戒律を規定する「ヴィナヤ」文献のなかに多くの合理的な医学の知識や治療法の見いだされることが指摘されている。

一方、八世紀の中観学派の学者であるシャーンタラクシタは、先の「これあるとき、かれあり」云々という定型句を「ユクティ」と呼び、医学書『チャラカ・サンヒター』の作者とされるチャラカによって独自の認識手段と見なされたと記録する。インドにおける帰納法の原理が、合理主義的なインド医学の伝統と結びつけられているのはたいへん興味深い点である。

以上のような状況証拠にもとづいて、ブッダこそインドにおける合理的な思弁の創始者であり、その帰納法による推論はインドの医学や文法学を初めとする経験科学の発達に貢献したと推理することも可能である。

再びバークレーへ、トゥールミンとの出会い

一九九六年十二月、カルガリからの帰国の途中、十二年振りにバークレーへ立ち寄った。ランカスター教授のご希望により、仏教文献のテキスト・データベースに関する情報交換をし、「仏教論理学」についての公開講演をするためであった。サンフランシスコの北、ゴールデンゲイトを越えて、太平洋を見おろす丘の上に建つ教授の新居で、夕陽が海に沈む雄大な眺めを見た翌日、仏教論理学に限らず、インドの論理学は、一般的に言って、演繹的ではなく、帰納的であるという本書の主張を講演した。その後、聴衆のなかから哲学を教えているという初老の教授が立ち上がり、筆者のインド論理学の理解は英国の論理学者トゥールミンの考えに近いと思うと言われた。それを聞いて思わず絶句してしまった。「トゥールミン」という名前を聞くのが、その一週間のうちで「三度目」だったからである。

一週間前には、アメリカ宗教学会がニューオーリンズで開かれており、久しぶりに北米の友人・知人に再会しようと出かけていった。その少し前にバークレーの講演原稿をかつての筆者の学生で、今はそれぞれマギール大学とローザンヌ大学で仏教を教えているリチャード・ヘイズとトム・ティレマンズに送っておいた。別々に聞いた二人の読後感は、期せずして全く同じ、スティーブン・トゥールミンの『議論の用途』（*The Uses of Argument*,

Cambridge University Press, 1958）を読めというものであった。

講演の翌日、バークレーの本屋でトゥールミンを一冊購入した。彼の主張するところは、まず議論の用途は多様であるという点にある。アリストテレスから現代の記号論理学者まで、いわゆる演繹論理を駆使する者たちは、数学の論証を唯一の議論のモデルとしてきたが、そのような「分析的な議論」のほかに、例えば、法廷で展開される論証や科学の実験にもとづく論証など、「実質的な議論」と呼ぶべきものがあると言う。彼は法廷での議論をモデルとして、次のような実例を挙げる。

証　拠「ハリーはバーミューダの生まれだ」
理　由「バーミューダ生まれの人は一般的に英国臣民である」
裏付け「以下の法令などの法律的規定のゆえに……」
　「したがって」
限定詞「おそらく」
主　張「ハリーは英国臣民であろう」
反　証「彼の両親は外国人であった／彼はすでに米国に帰化した／……ということがない限り」

トゥールミンは、このような法廷における議論をモデルとして、科学的論証や帰納的推論一般が説明できると考えた。我々が日常的に行っている論争や論証のモデルとして、演繹的論証・数学的論理学は相応しくないと言う。これはもちろん演繹主義者であるポパーの許すところではありえないが、直接的にはヘンペルの厳しい批判に晒されることとなった（「帰納的矛盾」『ジンテーゼ』一二号、一九六〇年）。ヘンペルは、後に「ポパー・ヘンペル・モデル」と呼ばれるようになる、複数の一般法則と初期条件から科学的予測が論理的に演繹されるという科学的説明の理論を展開している。

さて、トゥールミンの論証のモデルをインドの論証式と比較すると、「主張」は「提案」に、「証拠」は「理由」に、「理由」は「喩例」中に提示される「遍充関係」にほぼ対応すると言えよう。「裏付け」は遍充関係を保証する諸条件に相当しよう。残りの「限定詞」と「反証」には対応を見いだすことができない。

トゥールミンのモデルが大筋でインドの論証式の構想と一致することは、両者が帰納法による論証を目指していることと無関係ではないだろう。

シャイエルを嚆矢《こうし》として、インゴルズ、スタール、マティラル、そして、近年ではエトケなどによって、インドの論証式を記号化しようという試みが繰り返されてきたが、記号化のモデルを演繹的な推理に求める限り成功はおぼつかないと言わなければならない。

なお、アリストテレス流の演繹的論証に疑問を呈したのは、トゥールミンに限らない。帰納的論証の確立を目指したJ・S・ミルは、つとに『論理学体系』のなかで、すべての三段論法は次のような形で提示するべきであると主張している。

大前提「属性Aは属性Bの目印（mark）である」
小前提「当該の対象は属性Aを保有する」
「したがって」
結　論「当該の対象は属性Bを保有する」

「大前提」はダルマキールティの論証式中の「遍充関係」に、「小前提」は同じく「主題所属性」におおよそ相当しよう。遍充関係というインド論理学の概念がミルにないことは言うまでもないが、「属性A」に「存在性」、「属性B」に「刹那滅性《せつなめつしょう》」を入れれば、「結論」を明示するか否かは別として、ダルマキールティの「刹那滅論証」に類似するものが出来上がる。

さらに、三段論法の公理として、ミルは

「およそ何らかの目印を保有するものは、後者が目印となっているものをも保有する」

と言う。ロシアの生んだ最高の仏教学者であるシチェルバツコイが百年近く前に指摘したように、この公理は

「徴表（＝目印、煙）によって、徴表の保有者（火）を推理する」

というインド論理学の推理の原則と軌を一にするものである（Logic in Ancient India, *Further Papers of Stcherbatsky*, Calcutta, 1971）。ここに本書中「三度」ミルとインド論理学の親近性を指摘することができた。インドの論争なら、これで相手は説得されるはずである。

最後に、喫煙の当否を推理する

一九九七年十一月、広島国際会議場で「第三回国際ダルマキールティ学会」を開催した。世界十四ヶ国から百人以上の仏教論理学研究者が集まり、四十以上の研究発表があり、前回ウィーンの学会以上の盛り上がりを見せた。七世紀の孤高の仏教論理学者の認識論・論理学・存在論・言語哲学を解きあかそうとして、千二百年のときを隔てて、これほど多くの人が集まるとは、世に受け入れられないことを嘆いた当の本人、ダルマキールティ先生には想像もつかないことであったに違いない。今はいずこの仏国土におわしますかは知らないが、広島に集まった我々の発表を天耳で聞いて苦笑しておられたのではないだろうか。

フラウワルナーの学問上の後継者、ウィーン大学のシュタインケルナー教授をはじめとして、現在活躍中の世界のダルマキールティ研究者はほぼ全員集まったと思うが、残念ながらご高齢のマルヴァニア先生には来ていただくことはできなかった。したがって、第三章の末尾に提示した喫煙の当否に関する相対立する二つの論証式を先生ご自身に見ていただくことはできなかった。そこで、最後に二つの論証式の当否を検討しておこう。

便宜上、先の論証式をダルマキールティ流の二支論証に書き換えてみる。

【論証式一】
遍充関係：「およそ心のやすらぎを与えてくれるものは人間にとって有用である。例えば音楽の如し」
主題所属性：「喫煙は心のやすらぎを与える」
結論：「したがって、喫煙は有用である」

【論証式二】
遍充関係：「およそ健康を害するものは人間にとって無用である。例えば飲酒の如し」
主題所属性：「喫煙は健康を害する」

結論：「したがって、喫煙は無用である」

論証式一の遍充関係が成立するか否かは、「有用」ということばの概念規定に大きく依存するはずである。「心にやすらぎを与えてくれても有用でないものもある」と考える人もいるかもしれない。主題所属性についても同様である。気持ちがイライラしたときにタバコを吸って、かえってイライラがつのった経験のある人もいるはずである。したがって、論証式一はあまり説得力のある論証と言うことはできない。

一方、論証式二の遍充関係は、おそらく誰もが認めるところであろう。主題所属性の方は、肺ガンなどの患者を調べれば、かなりの確率で正しいと言えるであろうが、九十歳を過ぎても喫煙と飲酒の習慣を続け、すこぶる健康な大先生もおられる。したがって、論証式二も百パーセントの説得力を持つとは言えない。もっとも、先生の健康の秘密は別なところにあるようである。

これが筆者自身の二つの論証式の自己採点である。

あとがき

もう二十年以上前のことになるが、広島大学のインド哲学の専任講師として赴任してまもなく、教職員の親睦旅行の酒席で、新しい同僚から「インド哲学と言っても、何が専門ですか?」と尋ねられたことがある。「インドの論理学。特に、仏教論理学を研究しています」と答えたところ、同僚の西洋哲学者から「インドの論理学とか、仏教論理学などという、特別なものがあるのかな。論理学は一つじゃないの」と少し胡散臭い目で見られたことがある。それ以来、「インド人の論理学」が、アリストテレスからラッセル、フレーゲ、クワインらに至る西洋の論理学の発展の歴史と比較して、どのような特徴をもち、どのように評価されるのか、インド研究者以外にも説明しなければならないという一種の使命感を覚えるようになった。

そんなころ、加地伸行氏の『中国人の論理学』(中公新書、一九七七年)が出版された。著者は、中村元先生の「非論理的ということは、シナ語の最も著しい特徴の一つである」

（『東洋人の思惟方法2』春秋社、一九六一年）という発言に真っ向から異議を唱え、インド・ヨーロッパ語とは性格を異にする「中国語には中国語の論理がある」（二八頁）と主張し、中国人の論理学を広い意味の論理学としての記号論、なかでも「記号と対象との関係を扱う意味論」（四九頁）と捉え、中国における論理学の発展が「名実論」を軸とする意味論の論争によって形成されたことを明示していた。これまで単なる詭弁にすぎないと思っていた「白馬ハ馬ニアラズ」という公孫龍の主張が意味論的に解明されるのを知って、まことに目から鱗が落ちる思いをしたものである。

いつか『インド人の論理学』を書いてみたいと思っていたが、中公新書の編集を担当するようになった大学時代の畏友、糸魚川昭二氏のお誘いにより、そのチャンスがやってきた。お引き受けしてから随分時間がたってしまったが、奥歯を噛みしめて待ち続けてくれた糸魚川氏に、この場を借りてお詫びとお礼を申し上げたい。この間、『華厳経入法界品』の梵文原典からの初めての現代語訳（『さとりへの遍歴』上・下、中央公論社、一九九四年）の仕事に参加したり、ウィーン、オックスフォード、カルガリーの各大学へ出講したりして、約束が延び延びになってしまったのである。生来の怠け者にとどめを刺してくれたのは、春風亭小朝だった。多才な彼の半生をふりかえるテレビ番組で、最後に「そろそろこれからは後進の指導にあたられますか」と司会者に聞かれて、「そんなことは能力のない人のすること。自分は常に新しいことに挑戦する」と小朝は答えていたと思う。日頃学生の指導が大変だと愚痴をこぼしてばかりいる自分が、実はやるべき仕事から逃避していたのだと思い知らされた。米朝や松鶴を聞いて育った身には、小朝の落語はちょっと気障であまり好きになれないが、あの時の彼の一言には感謝あるのみである。

一九九三年春、オックスフォード大学に客員教授として出かけたとき、招いてくれたゴンブリッチ教授が、私の履歴書をつくづく眺めて、おまえに比べると自分は「ローカルな学者」に思えるとおっしゃったものである。お世辞にせよ、うれしく思ったが、「自分は一九六〇年代の京都大学文学部で、インド学仏教学に関する限り、当時としては世界一流の教育を受けたと思う」と胸を張って答えることができた。仏教学の長尾雅人《ながおがじん》先生、梶山雄一先生、インド哲学の服部正明先生、梵語梵文学の今は亡き大地原豊《おおじはらゆたか》先生など世界の学界の第一線で活躍される先生方に、サンスクリットの基本から手とり足とり教えていただいたご恩は計り知れないものがある。古典学というものは、口から口、人から人へと伝わるものである。先生方は、何よりも学問が世界に開かれた窓であることを身をもって教えて下さった。当時、欧米に留学する先輩たちの後を追って自分もいずれは外国へ出かけるものであると信じて疑わなかった。なお、服部先生と梶山先生には本書の一部を前もってお読みいただき適切なご指示をいただいた。先生とは、何時までたっても先生であり、ありがたいものである。

一九六八年秋、留学した先のトロントでは、大学の先輩にあたり、ハーヴァード大学の博士課程を終えて赴任しておられた小林信彦先生ご夫妻に、公私ともにお世話になった。当時、北米一のスタッフを擁していたトロント大学東アジア学科では、ワーダー、マティラル、ヴェンカターチャリヤなどの諸先生の指導を受け、無事学位を取り、帰国することができた。その間、マルヴァニア先生だけでなく、ルエッグ教授をはじめ錚々たる客員教授をお迎えしたが、名古屋大学からおみえになった、今は亡き北川秀則先生にディグナーガの難解なテキストを教えていただいたことは、生涯の財産となった。「セカンド・マイナー」として取ったスレイター教授の「論理学」の授業で、クワインの『数理論理学』(*Mathematical Logic*)と、当時出版されたばかりの『論理学の哲学』(*Philosophy of Logic*、邦訳、山下正男、培風館)を読了し、週二回出される大量の練習問題をやりこなすことができたことは大きな自信になった。博士論文の審査にも加わって下さったスレイター教授から、「帰国したら日本で論理学を教えろ」と言われたのは、何よりの餞《はなむけ》であった。

帰国後、広島へ移るまでの二年間、京都産業大学に赴任したが、同期で入った林隆先生は、当時から現在に至るまで、筆者の訳の分からない質問に、ご専門の論理学の立場から常に誠心誠意答えて下さった。本書の最終章をお読みいただき、懇切丁寧なご教示をいただいたのも林先生である。広島大学へ赴任後、約十年間インド論理学を専門とする宇野《うの》惇《あつし》先生の下で一緒に仕事をさせていただけたことは、最大の幸せであった。トロントで習ったマルヴァニア先生やサダーティッサ先生が、宇野惇先生のインド留学時代の旧友であったことを発見して、不思議な因縁を感じたものである。

以上のような沢山の先生方、そして、いちいち名前を挙げることができないほど多数の先輩・友人・学生諸君のおかげでこの小著を世に出すことができた。特に、龍谷大学の神子上恵生《みこがみえしょう》先生には、常に最新の研究情報をお教えいただき、貴重な蔵書をお貸しいただいた。本書に少しでも価値があるとすれば、それは皆さまのおかげであり、誤りがあれば、すべて筆者の責任であること言うまでもない。本書によって、広大なインド論理学の世界の一部しか紹介することができなかったが、少なくともその本質は剔《えぐ》り出したつもりである。本書で必ずしも詳しく触れることができなかったディグナーガとダルマキールティの仏教認識論・論理学については、別に準備中の『仏教論理学』（サーラ叢書、平楽寺書店）を参照されたい。

一九九八年七月

桂　紹隆

参考文献

本書をお読みいただいた読者のなかでも、さらにインド人の論理学について詳しく知りたいという人のために、現在入手可能な書籍・論文を中心に紹介しておく。

1 長尾雅人責任編集『世界の名著1 バラモン教典・原始仏典』中央公論社、一九六九年『世界の名著2 大乗仏典』中央公論社、一九六七年（それぞれ中公バックスとして再版、一九七九年、一九七八年）

両書は、インド思想およびインド仏教の基本文献の現代語訳を収めたアンソロジーである。それぞれの巻頭を飾る「インド思想の潮流」（長尾雅人・服部正明）と「仏教の思想と歴史」（長尾雅人）、巻末の各年譜は、インド思想と仏教を概観するのに最適である。本書の歴史的記述はこれらに負うところが大である。

『世界の名著1』には、本書でしばしば言及したヴァーツヤーヤナの『ニヤーヤ・スートラ』への『注解』第一章が『論証学入門』（服部正明訳）と題して収められている。他に、ウパニシャッドの抄訳（服部正明訳）、『サーンキヤ・カーリカー』の全訳（服部正明訳『古典サーンキヤ体系概説』)、原始仏典(長尾雅人・櫻部建・工藤成樹訳)、『ミリンダ王の問い』(大地原豊訳)など本書と関係が深い文献の翻訳が含まれている。

『世界の名著2』には、本書第四章で扱ったナーガールジュナの著作のなかで、『廻諍論』が『論争の超越』(梶山雄一訳)と題して収められている。さらにその主著『中論』の一部が重要な注釈と共に訳出されている。また、最後期の仏教論理学の綱要書『タルカバーシャー』が『認識と論理』(梶山雄一訳)と題して収められている(後に、中公文庫『論理のことば』一九七五年)。

2　長尾雅人他編集　岩波講座・東洋思想　第五~七巻『インド思想　1、2、3』一九八八~八九年
岩波講座・東洋思想　第八~一〇巻『インド仏教　1、2、3』一九八八~八九年

現在、我が国のインド学仏教学界の第一線で活躍する研究者たちの論文を集めたものであり、斯学の現状を把握するのに好適である。そのなかで本書の内容と特に関連するのは、第五巻「ヴァイシェーシカ学派の自然哲学」(服部正明)、「ニヤーヤ学派の知識論」(赤松明彦・山上証道)、第六巻「初期ヴァイシェーシカ学派のアートマン論」(茂木秀淳)、第七巻「言語と意味の考察・総論」(服部正明)、「語の表示対象——個物と普遍」(竹中智泰)、第八巻「仏教学説の諸体系——有部」(櫻部建)、「経量部」(御牧克己)、「中観」(一郷正道)、「唯識」(沖和史)、「論理学派」(桂紹隆)、第九巻「縁起」(三枝充悳)、第一〇巻「概念——アポーハ論を中

心に」（桂紹隆）、「認識」（戸崎宏正）、「言語と論理」（岩田孝）などである。

第一章　インドに哲学はあるか？

3　野田又夫『哲学の三つの伝統』筑摩書房、一九七四年（『哲学の三つの伝統他十二篇』岩波文庫として再版、二〇一三年）

日本を代表するデカルト研究者の手になる世界哲学史の俯瞰図と東西比較哲学の試みを見ることができる。

第二章　インド論理学の構造

4　松尾義海『印度論理学の構造』初版一九四八年、再版一九八四年、其中堂

最後期のニヤーヤ学派の綱要書であるケーシャヴァミシュラの『タルカバーシャー』の和訳研究であるが、専門研究者の評価が非常に高い。

5　梶山雄一「インド論理学の基本的性格」『哲学研究』第四六八〜四六九号、一九六〇年（『仏教における存在と知識』紀伊国屋書店、一九八三年に再録）

ニヤーヤ学派の認識論と論理学の全体像を明快に提示している。

6　金倉圓照『インドの自然哲学』平楽寺書店、一九七一年

ヴァイシェーシカ学派の自然哲学の代表的な論書である『ヴァイシェーシカ・スートラ』とプラシャスタパーダの『パダールタ・ダルマ・サングラハ』の全訳が収められている。

7　泰本融『東洋論理の構造』法政大学出版局、一九七六年
著者のニヤーヤ学派研究の集大成である。東西論理学の比較研究の我が国における最初の試みが見られる。
8　宇野惇『インド論理学』法藏館、一九九六年
近年におけるインド論理学研究の最大の成果である。特に前人未到の新ニヤーヤ学派研究への道を開いた点が大いに評価される。最後期のヴァイシェーシカ学派の綱要書『タルカサングラハ』の詳細な注釈を付した全訳が含まれている。
9　村上真完『インドの実在論』平楽寺書店、一九九七年
ヴァイシェーシカ学派の認識論研究の最新の成果である。
第三章　インドにおける討論の伝統
数多くのウパニシャッドの解説書のうち一点のみ挙げておく。
10　服部正明『古代インドの神秘思想』講談社現代新書、一九七九年（講談社学術文庫として再版、二〇〇五年）
第四章　帰謬法――ナーガールジュナの反論理学
11　梶山雄一・瓜生津隆真訳『大乗仏典14　龍樹論集』中央公論社、一九七四年（中公文庫として再版、二〇〇四年）

ナーガールジュナの主著『中論頌』を除く主要な論書の現代語訳であり、梶山雄一訳「ヴァイダルヤ論」、同「廻諍論」が含まれている。

12 梶山雄一・上山春平『仏教の思想3 空の論理〈中観〉』角川書店、一九六九年（角川文庫として再版、一九九七年）

ナーガールジュナの思想に対する最良の入門書である。同じシリーズの櫻部建・上山春平『存在の分析〈アビダルマ〉』一九六九年（角川ソフィア文庫、一九九七年）は、ナーガールジュナの批判の対象となった説一切有部のアビダルマ思想への最適の入門書である。

13 梶山雄一「詭弁とナーガールジュナ」『理想』第六一〇号、一九八四年

14 同「仏教知識論の形成」『講座・大乗仏教9 認識論と論理学』春秋社、一九八四年

ナーガールジュナの論理学を再評価し、彼とニヤーヤ学派の論争を詳しく論じている。

15 山下正男「空の論理学」『理想』第六一〇号、一九八四年

我が国の論理学者のなかでも最もインド論理学に造詣の深い著者の短いが画期的な論文であり、その「四句分別」の解釈に本書の筆者は強い影響を受けている。

16 立川武蔵『「空」の構造――「中論」の論理』第三文明社、レグルス文庫、一九八六年

本書とは異なる視点から、ナーガールジュナの論理が分析されている。

第五章　インド人の思惟方法――帰納法

仏教認識論と論理学の論文集としては次のものがある。

17　三枝充悳編集、講座仏教思想　第二巻『認識論・論理学』理想社、一九七四年
服部正明のディグナーガの認識論、戸崎宏正のダルマキールティの認識論、北川秀則のディグナーガの論理学、梶山雄一のダルマキールティと後期仏教論理学の研究が収められている。
18　『講座・大乗仏教9　認識論と論理学』春秋社、一九八四年
すでに挙げた梶山論文以外に、桂紹隆「ディグナーガの認識論と論理学」、戸崎宏正「ダルマキールティの認識論」、赤松明彦「ダルマキールティの論理学」、御牧克己「刹那滅論証」その他が含まれている。
19　谷貞志『〈無常〉の哲学――ダルマキールティと刹那滅』春秋社、一九九六年
我が国の仏教学者のなかでも現代西洋哲学への造詣のとりわけ深い著者が、世界の学界でも初めて、ダルマキールティに代表される仏教論理学の刹那滅論に対して大胆かつ刺激的な哲学的分析・評価を試みている。
20　末木剛博『東洋の合理思想』講談社現代新書、一九七〇年（増補新版として再版、法藏館、二〇〇一年）
西洋論理学者の手になる、本書に先行する唯一の類書である。

最後に、本書の筆者自身の学術論文のなかから、特に関係の深い論文を一編だけ挙げておく。
21　桂紹隆「インド論理学における遍充概念の生成と発展――チャラカ・サンヒターからダルマキールティまで」『広島大学文学部紀要』第四五巻、特輯号一、一九八六年

文庫版あとがき

本書は一九九八年に中公新書として出版された『インド人の論理学』の文庫版である。旧版に対する予想外の反応は、二〇〇〇年八月に日本で初めて開催された日本ディベート協会主催「第一回議論学国際学術会議」の基調講演を頼まれたことである。本書第三章に基づき「インドにおける議論の伝統」という講演をしたが、参加した世界各国の議論学者たちの多くは、西洋文化圏以外にも議論の伝統があることを初めて知って驚いた様子であった。因みに、ベンガル州出身の経済学者アマルティア・セン（ノーベル経済学賞受賞者）は、『議論好きなインド人　対話と異端の歴史が紡ぐ多文化世界』（佐藤宏・粟屋利江訳、明石書店、二〇〇八年）の中で、かつてキッシンジャー国務長官が「民主主義の壮大な実験場」と呼んだ、現代インド政治における民主主義の発展の背後に「知的な異端に対する寛容性」と「公共的な論議の長い伝統」があることを指摘している。

インド論理学の特徴は帰納的推理にあるという本書の主張に対して批判的な意見をしばしば聞いた。そもそも論理学と言えば演繹論理であり、インド論理学もそのように理解すべきであると主張する研究者が内外にたくさんいる。しかし、マティラル（一九三五～一九九二）が指摘したように演繹論理（あるいは、西洋で発達した論理学一般）が論証プロセスの妥当性・健全性を目指すのに対して、インド論理学は論証の結果として正しい知識を獲得することを目指す、という明確な違いがあることを忘れてはならない。

発達したインド論理学は、我々が「既知の世界」で経験的に獲得した知識にもとづいて「未知の世界」に属する事物に関して推理し、その結果を未だその事実を知らない他者に論証式を用いて提示するという構造になっている。例えば、煙のある所に火があるという経験を積み重ねて、「煙がある所には必ず火がある」という認識を獲得した人は、遠方の山に煙が立ち昇るのを見て、そのふもとには火があるだろうと推理するのである。それを五支の論証式にすると、次のようになる。

（提案）「あの山には火がある」
（理由）「煙が立ち昇っているから」
（喩例）「およそ煙がある所には火があると経験される。例えば竈におけるように」

（適合）「あの山には煙がある」
（結論）「したがって、あの山には火がある」

喩例・適合・結論に着目して、アリストテレス派の「三段論法」との類似性が指摘されうるが、喩例中に「経験される」（dṛṣṭa）という表現があり、「竈」という実例があげられることに注意しなければならない。喩例の原語 dṛṣṭānta は「経験の果て」を意味するが、インド論理学の伝統では、学者も一般人も等しく認める「経験的事実」およびその「実例」（例えば、竈）を指す。「およそ存在するものは刹那滅である」というような全称命題の場合、果たして実例が必要かと問われるようになるが、後代に至るまで論証式中に実例が挙げられ続けるという事実は、インド論理学が基本的に経験に基づく帰納的推理、あるいは類推であり、決して演繹論理ではないことを如実に示している。

優れた論理学者であったディグナーガ（五～六世紀）は、ヒューム（一七一一～一七七六）が提起した「経験の積み重ねによって未経験の事物について推理することは正当化されない」という「帰納法の問題」をあたかも予期していたかのようである。本書で述べたように、経験から得られる一般法則は「反例が観察されない限り」正当化される一種の仮説であるという仕方で、ディグナーガは「帰納法の問題」に答えていると言える。これに対して、ダルマキールティ（六～七世紀）は「因果律」という普遍法則によって推理・論証を正当化できるという立場を取ったが、彼の論理学も演繹論理とみなすことはできない。「インド論理学は演繹か帰納か」という議論がなされなくなって、しばらく時間が経った。私自身、一時パース（一八三九～一九一四）のアブダクション（個別の事象の最も適切な説明となる「仮説」を導出する推論）との対比を試みたこともあるが、今は本書に紹介したトゥールミン（一九二二～二〇〇九）の「議論のモデル」にインド論理学との親近性を感じている。なお、戸田山和久・福澤一吉訳『議論の技法　トゥールミンモデルの原点』（東京図書、二〇一一年）が出版されている。トゥールミンは、最後の著書『理性への回帰』（藤村龍雄訳、法政大学出版局、二〇〇九年）で、デカルト（一五九六～一六五〇）以来追求されてきた演繹的方法に基づく数学的・科学的「合理性」（rationality）に対して、歴史と経験を重じる実務家的「道理性」（reasonability）を重視すべきであると主張している。

本書第四章で、ナーガールジュナが同一語を多義的に使用する詭弁的な論法を用いることがあると指摘したが、これはリチャード・ヘイズ博士の理解である。彼がこの意見を学術誌に発表した時、多くの批判を浴びたが、ナーガールジュナを「八宗の祖」と仰ぐ我が国でも私の批判的な言説はこころよく受け入れられなかったと思う。しかし、ナーガールジュナといえども「時代の子」であり、対論相手を論破するためには詭弁を用いてもよいという、当時の問答法のルールに従って議論を展開したのであり、何ら咎められることはない、というのが私の基本的な見解である。

ナーガールジュナは矛盾律や排中律を認めない「非正統的」な論理を用いたと考える研究者は伝統的に多いが、私自身はそのような立場をとらない。ただし、否定辞の二義性を考慮すると「三値論理」の可能性があると考えている。近年、グレアム・プリースト教授や出口康夫教授などが「矛盾許容論理」(paraconsistent logic)の視点からナーガールジュナや般若経典などを解釈しようとしている。出口教授は、本書にも触れた「二種の否定」の考えも考慮して、矛盾律と排中律は認めないが二重否定除去則(¬¬A⇒A)を認める、一種の三値論理を構築しようとしている。なお、分析哲学者の八木沢敬教授から、否定は一つであり、「二種の否定」は「否定の二種の用法」と理解すべきであると指摘されたことを注意しておく。

文庫版で行なった最も重要な修正は、帰納領域を構成する「同例群」「異例群」という表現を「同類」「異類」と改めたことである。論証式において「同喩例」は「論証されるべき性質」と「理由」を所有するもの、「異喩例」はどちらも所有しないものである。一方、「同類」は「論証されるべき性質」が存在する領域、「異類」はそれが存在しない領域である。したがって、「同喩例」「異喩例」はそれぞれ「同類」「異類」の一部を占めるに過ぎない。「同例群」「異例群」という表現は「同喩例の集合」「異喩例の集合」と誤解される可能性があるので、「同類」「異類」という新しい表記を採用した。

旧版を出版してまもなく、バルトリハリ研究者であった畝部俊也氏（一九六八〜二〇一六）から「九句因表」の論証式三の喩例の表記に間違いがあることを指摘され、そこまで読んでくれたのかと感動したことがあるが、今回ようやく修正することができた。また旧版第三章の『チャラカ・サンヒター』第三篇の和訳には、一部脱落があり、不正確な翻訳もあったので、修正した。

旧版の「あとがき」に「準備中」と書いた『仏教論理学』（サーラ叢書、平楽寺書店）を未だ出版していないことには、忸怩たる思いがある。残り少ない人生で何らかの形で約束を果たすことができれば幸いである。最後に、旧版を文庫の形で刊行してくださった法藏館と編集担当の戸城三千代氏、そして、旧版の時と同様に貴重な写真を提供してくださったインド美術史家の肥塚隆先輩に甚深の感謝の意を表したい。

二〇二〇年十月

桂　紹隆

参考文献の追加

本書旧版の出版後四半世紀近くになるが、この間インド論理学に関する多くの研究が発表されてきた。以下、特に本書と関わりの深いものを紹介する。

第一章　インドに哲学はあるか?

1　赤松明彦『インド哲学10講』岩波新書、二〇一八年

インド哲学に関する最新の入門書であり、インド哲学全体を「存在論」の視点から見渡すことができる。

第二章　インド論理学の構造

2　B. K. Matilal, *The Character of Logic in India*, eds. J. Ganeri & H. Tiwari, SUNY Press, 一九九八年、再版：Oxford University Press 二〇〇〇年

マティラルが書こうとしていて、没後出版された「インド論理学小史」である。

3　E. Steinkellner et al., ed., *Jinendrabuddhi's Viśālāmalāvatī Pramāṇasamuccayaṭīkā*,

Chapter 1, 中国蔵学研究中心・Austrian Academy of Sciences Press, 2005.

4 Horst Lasic et al. ed. *Jinendrabuddhi's Viśālāmalavatī Pramāṇasamuccayaṭīkā*, Chapter 2, 中国蔵学研究中心・Austrian Academy of Sciences Press, 2012.

ディグナーガの主著『プラマーナ・サムッチャヤ自注』第一章・第二章に対するジネーンドラブッディの『複注』の梵語原典が出版され、ディグナーガ研究は大きな転機を迎えた。後続章も小野基・室屋安孝・渡辺俊和ほかによって校訂・出版される予定である。

第三章　インドにおける討論の伝統

5 石飛道子『龍樹造「方便心論」の研究』山喜房仏書林、二〇〇六年

ナーガールジュナに帰せられる問答法のマニュアル『方便心論』の現代語訳に詳細な解説を施している、宇井伯寿、梶山雄一以来の労作である。

6 矢板秀臣『仏教知識論の原典研究：瑜伽論因明、ダルモッタラティッパナカ、タルカラハスヤ』成田山仏教研究所、二〇〇五年

瑜伽行唯識派の初期の問答法のマニュアル『瑜伽師地論』「因明処」の翻訳研究を含んでいる。

第四章　帰謬法――ナーガールジュナの反論理学

7 M. Siderits & S. Katsura, *Nāgārjuna's Middle Way Mūlamadhyamakakārikā*, Wisdom

Publications, 二〇一三年

本書では『中論頌』と呼ぶ、ナーガールジュナの主著『根本中頌』の英訳と詳細な解説である。

8　桂紹隆・五島清隆『龍樹『根本中頌』を読む』春秋社、二〇一六年

『根本中頌』の全訳とナーガールジュナの思想・著作・生涯の詳細な解説。五島の解説編で、本書ではナーガールジュナの著作とみなした『ヴァイダリヤ論』や『廻諍論』を、ナーガールジュナの後継者たちの手になる「龍樹文献」とも呼ぶべきものであるという「仮説」が提示されている。なお、二〇一九年に刊行された第二刷では、『根本中頌』の翻訳の修正や解説編の本文の訂正など若干の改訂を行なった。春秋社のホームページ「『龍樹『根本中頌』を読む』について」にすべて記録されている。

9　石飛道子『ブッダと龍樹の論理学――縁起と中道』サンガ、二〇〇七年、サンガ文庫、二〇一二年

著者は、ナーガールジュナを「インドが生んだ最大の論理学者」と評価し、一切智者であるブッダは縁起思想にもとづいて現代論理学とは全く異なる「ブッダ論理学」を創造し、ナーガールジュナがその完成者であったと論じている。極めて斬新なナーガールジュナ解釈として注目を浴びたが、自説の根幹に「真理表」という現代論理学の成果を用いながら、現代論理学を批判する論調は、根本的に自己矛盾を抱えている。

10　宮元啓一『インドの「多元論哲学」を読む――プラシャスタパーダ『パダールタダルマ・

サングラハ』』春秋社、二〇〇八年
ナーガールジュナが批判したヴァイシェーシカ学派の綱要書による、同学派の「範疇論的実在論」の分かりやすい解説書である。
11 御牧克己編『中観と空Ⅰ』梶山雄一著作集第四巻、春秋社、二〇〇八年
12 御牧克己編『中観と空Ⅱ』梶山雄一著作集第五巻、春秋社、二〇一〇年
著者自身が全体構想を立て、没後刊行された著作集であり、中観思想研究の主要論文が収められている。

第五章 インド人の思惟方法——帰納法

13 岡崎康浩『ウッドヨータカラの論理学——仏教論理学との相克とその到達点』平楽寺書店、二〇〇六年
ウッディヨータカラの主著『ニヤーヤ・ヴァールティカ』の原典にもとづき彼の論理的思考を分析している。「十六句因」の詳細な解説も見られる。
14 Ole Pind, *Dignāga's Philosophy of Language: Pramāṇasamuccayavṛtti V on Anyāpoha*, Austrian Academy of Sciences Press、二〇一六年
ディグナーガの『プラマーナ・サムッチャヤ自注』第五章の翻訳研究であり、アポーハ論研究を飛躍的に進歩させた。
15 赤松明彦訳注『古典インドの言語哲学1 ブラフマンとことば』『古典インドの言語哲学

2文について』平凡社、一九九八年

ディグナーガのアポーハ論に影響を与えた、ヴェーダーンタ学派の文法学者バルトリハリの主著『ヴァーキャ・パディーヤ』第一章・第二章の和訳である。

16　吹田隆道編『認識論と論理学』梶山雄一著作集第七巻、春秋社、二〇一三年

著者の仏教認識論・論理学に関する主要論文が収められており、インド仏教最後期の論理学者モークシャーカラグプタの綱要書『タルカ・バーシャー』の全訳「論理のことば」も含まれている。

17　桂紹隆編『認識論と論理学』シリーズ大乗仏教第九巻、春秋社、二〇一二年

現代日本において仏教論理学研究を牽引する研究者たちの最新の研究成果を集めたものであり、その構成は次のようである。

第一章　仏教論理学の構造とその意義（桂紹隆）
第二章　存在論——存在と因果（稲見正浩）
第三章　認識論——知覚の理論とその展開（船山徹）
第四章　論理学——法称の論理学（岩田孝）
第五章　真理論——プラマーナとは何か（小野基）
第六章　言語哲学——アポーハ論（片岡啓）
第七章　全知者証明・輪廻の証明（護山真也）
第八章　「刹那滅」論証——時間実体（タイム・サブスタンス）への挑戦（谷貞志）

なお、Kwon Seo Yong 他が旧版の韓国語訳『인도인의 논리학——문답법에서 귀납법으로』（二〇〇九年）を、中山大学の肖平・楊金萍夫妻（現在、杭州霊隠寺の慧観法師と杭州仏学院の慧音法師）が旧版の中国語訳『印度人的邏輯学——従問答法到帰納法』（宗教文化出版社、二〇一一年）をそれぞれ出版している。

また、小野卓也氏が東京大学へ提出した博士論文「インド古典討論術研究——ウダヤナ『ニヤーヤ・パリシシュタ』における詭弁と敗北の場合」が、二〇二〇年冬公開された（http://doi.org/10.15083/00077310 <http://doi.org/10.15083/00077310>）。インドにおける討論術の最終的な到達点を詳細に分析した最新の研究成果である。

桂 紹隆（かつら・しょうりゅう）
1944年生まれ。京都大学大学院文学研究科修士課程修了。トロント大学大学院博士課程修了。1974年トロント大学 PhD。1986年京都大学文学博士。2010年中村元東方学術賞受賞。広島大学・龍谷大学名誉教授。現、財団法人仏教伝道協会理事長。主な著書・訳書『さとりへの遍歴　華厳経入法界品』（上下）梶山雄一他共訳（中央公論社）。『シリーズ大乗仏教』全十巻、斎藤明他共編（春秋社）。『龍樹『根本中頌』を読む』五島清隆共著（春秋社）。

インド人《じん》の論理学《ろんりがく》
問答法《もんどうほう》から帰納法《きのうほう》へ

二〇二一年　一月一五日　初版第一刷発行

著　者　桂 紹隆
発行者　西村明高
発行所　株式会社 法藏館
京都市下京区正面通烏丸東入
郵便番号　六〇〇-八一五三
電話　〇七五-三四三-〇〇三〇（編集）
〇七五-三四三-五六五六（営業）

装幀者　熊谷博人
印刷・製本　中村印刷株式会社

ISBN 978-4-8318-2618-3　C1115